Dieses Buch ist

_____

gewidmet.

Zur Versöhnung

Südwest Verlag
München

Danksagung

Für die Genehmigung von Abdruckrechten danken wir: dem Suhrkamp-Verlag, Frankfurt a. M. (*Hermann Hesse*: Die beiden Brüder, aus »Die Märchen«); dem S. Fischer-Verlag, Frankfurt a. M. (*Thomas Mann*: Auszug aus »Joseph und seine Brüder«); dem Hoffmann und Campe Verlag, Hamburg (*Erich Segal*: Auszug aus »Love Story«); dem Winkler-Verlag, München (*Fjodor M. Dostojewski*: Auszug aus »Der ewige Gatte«, aus den »Erzählungen«); dem Otto Müller Verlag, Salzburg (*Giovanni Guareschi*: Auszug aus »Don Camillo und Peppone«); dem Verlag Die Arche, Zürich (*Werner Bergengruen*: Auszug aus »Wettstreit der Großmut«) und der Nymphenburger Verlagshandlung, München (*Selma Lagerlöf*: Auszug aus »Das Mädchen vom Moorhof«).

Herausgeber und Redaktion:
Dr. Christian Zentner
und Mathias Forster, München
Typographie: Kaselow-Design, München
Einbandgestaltung: Graupner & Partner, München

ISBN 3-517-01135-5

Inhalt

1. Blut ist dicker als Wasser.
Von versöhnten Verwandten

Alles verstehen heißt alles verzeihen.
Madame de Staël

Josephs Versöhnung mit seinen Brüdern
Thomas Mann

»Joseph und seine Brüder«, das Alterswerk Thomas Manns, zählt zu den unvergänglichen Meisterwerken deutscher Sprache. Thema des gewaltigen Romanzyklus ist die Josephslegende aus dem ersten Buch der Bibel, also die Geschichte von Jakobs Sohn, der von seinen eifersüchtigen Brüdern in der Wüste in einem Brunnenschacht ausgesetzt wird, mit Hilfe wandernder Ismaeliter nach Ägypten gelangt und sich dort zum Vertrauten des Pharao emporschwingt. Doch alle Macht und Herrlichkeit können Josephs Herz nicht korrumpieren: Nach Jahr und Tag kehrt der Totgeglaubte zurück und schließt nicht nur seinen geliebten Vater in die Arme, sondern auch die reuigen Übeltäter, denen er längst verziehen hat...

Joseph, ohne des Geschmeides auf seinen Backen zu achten, ...breitete die Arme aus und gab sich zu erkennen. Er hatte sich oft zu erkennen gegeben und die Leute stutzen gemacht, indem er zu verstehen gab, daß ein Höheres sich in ihm darstellte, als was er war, so daß dies Höhere träumerisch-verführerisch ineinanderlief mit seiner Person. Jetzt sagte er einfach und trotz der gebreiteten Arme sogar mit einem kleinen bescheidenen Lachen:
»Kinder, ich bin's ja. Ich bin ja euer Bruder Joseph.«
»Aber er ist's ja natürlich doch!« schrie Benjamin, fast

erstickt vom Jubel, und stürzte vorwärts, die Stufen
hinan zur Erhöhung, fiel auf seine Knie und umfing mit
Ungestüm die Knie des Wiedergefundenen.

»Jaschup, Joseph-el, Jehosiph!« schluchzte er zu ihm
hinauf, den Kopf im Nacken. »Du bist's, du bist's, aber
selbstverständlich bist du's natürlich ja doch! Du bist
nicht tot, umgestürzt hast du die große Wohnung des
Todesschattens, aufgefahren bist du zum siebenten Söller
und bist eingesetzt als Metatron und Innerer Fürst, ich
hab's gewußt, ich hab's gewußt, hoch erhoben bist du,
und der Herr hat dir einen Stuhl gemacht, ähnlich dem
Seinen! Mich aber kennst du noch, deiner Mutter Sohn,
und hast im Winde gewedelt mit meiner Hand!«

»Kleiner«, sprach Joseph. »Kleiner«, sagte er, hob
Benjamin auf und tat ihre Köpfe zusammen. »Rede nicht,
es ist nicht so groß und nicht so weit her, und kein
solcher Ruhm ist es mit mir, und die Hauptsache ist, daß
wir wieder zwölfe sind.«

Und er schlang den Arm um seine Schulter und trat
hinab mit ihm zu den Brüdern – ja, wie stand es mit
denen und wie standen die da! Einige standen, die Beine
gespreizt, mit hängenden Armen, die viel länger schienen
als sonst, knielang beinahe, und suchten offenen Mundes
mit den Augen im Leeren herum. Andere preßten die
Brust mit beiden Fäusten, – die wuchteten auf und ab
von ihrem gehenden Atem. Alle waren sie bleich gewesen
von Juda's Bekenntnis, nun waren sie dunkelrot im Ge-

sicht, rot wie Kiefernstämme, rot wie einst, als sie auf ihren Fersen gesessen hatten und Joseph dahergekommen war im bunten Kleid. Hätte Benoni nicht mit seinem ›Natürlich doch‹ und all seinem Entzücken des Mannes Erklärung besiegelt, so hätten sie überhaupt nichts begriffen und nichts geglaubt. Wie nun aber die Rahelssöhne umschlungen zu ihnen herunterkamen, war ihren armen Köpfen aufgegeben, aus einer bloßen Assoziation eine Einerleiheit zu machen und in dem Mann, der freilich in ihrem Sinn längst irgend etwas mit Joseph zu tun gehabt hatte, den abgeschafften Bruder selbst zu erkennen, – was Wunder, daß es in ihren Hirnen nur so knackte? Kaum schien es den Hampelnden und Strampelnden gelungen, den Herrn hier und ihr Opfer, den Knaben, in eins zu denken, so ging das Geeinte schon wieder entzwei, – nicht nur, weil es so schwerhielt, es zusammenzuhalten, sondern schwerhielt es, weil es so äußerst beschämend und auch entsetzenerregend war.

»Tretet doch her zu mir«, sagte Joseph, während er selber zu ihnen trat. »Ja, ja, ich bin's. Ich bin Joseph, euer Bruder, den ihr nach Ägypten verkauft habt, – macht euch nichts draus, es war schon recht. Sagt, lebt mein Vater noch? Redet mir doch ein bißchen und bekümmert euch nicht! Juda, das war eine gewaltige Rede! Die hast du für immer und ewig gehalten. Innig umarm' ich dich zur Beglückwünschung wie auch zum Willkommen und küsse dein Löwenhaupt. Siehe, es ist der Kuß, den du mir gabst vor den Minäern, – heute geb' ich ihn dir wieder, mein Bruder, und ist nun ausgelöscht. Alle küss' ich in einem, denn denkt doch nur nicht, daß ich darum zürne, daß ihr mich hierher verkauftet! Das mußte alles so sein, und Gott hat's getan, nicht ihr, El Schaddai hat mich abgesondert schon frühzeitig vom Vaterhaus und mich verfremdet nach seinem Plan. Er hat mich vor euch hergesandt, euch zum Ernährer, – und hat eine schöne Errettung veranstaltet, daß ich Israel speise mitsamt den Fremden in Hungersnot. Das ist eine zwar leiblich wichtige, aber ganz einfache, praktische Sache und ist weiter kein Hosiannah dabei. Denn euer Bruder ist kein Gottesheld und kein Bote geistlichen Heils, sondern ist nur ein Volkswirt, und daß sich eure Garben neigten vor meiner im Traum, wovon ich euch schwatzte, und sich die Sterne verbeugten, das wollte so übertrieben Großes nicht heißen, sondern nur, daß Vater und Brüder mit Dank wissen würden für leibliche Wohltat. Denn für Brot sagt man ›Recht schönen Dank‹ und nicht ›Hosiannah‹. Muß aber freilich sein, das Brot. Brot kommt zuerst und dann das Hosiannah. – Nun habt ihr verstanden, wie einfach der Herr es meinte, und wollt ihr nicht glauben, daß ich noch lebe? Ihr wißt es doch selbst, daß mich die Grube nicht hielt, sondern daß die Kinder Ismaels mich herauszogen, und daß ihr mich ihnen verkauftet. Hebt nur die Hände auf und faßt mich an, daß ihr seht, ich lebe als euer Bruder Joseph!«

Zwei oder drei von ihnen rührten ihn auch wirklich an, strichen mit der Hand behutsam an seinem Kleide herunter und grienten zaghaft dazu.

»Dann war's also nur ein Scherz und hast nur so getan wie ein Fürst«, fragte Issakhar, »bist aber eigentlich bloß unser Bruder Joseph?«

»Bloß?« antwortete er. »Das ist ja wohl das meiste, was ich bin! Aber ihr müßt es recht verstehen: ich bin beides; ich bin Joseph, den der Herr Pharao zum Vater gesetzt hat und zu einem Fürsten in ganz Ägyptenland. Joseph bin ich, überkleidet mit der Herrlichkeit dieser Welt.«

»Freilich«, sagte Sebulun, »so wird es ja denn wohl sein, daß man nicht sagen kann, du bist nur das eine und nicht das andere, sondern bist beides in einem. Es ahnte uns auch. Und ist ja nur gut, daß du nicht durch und durch der Markthalter bist, sonst ginge es uns schlecht. Sondern bist unter dem Kleid unser Bruder Joseph, der uns beschützen wird gegen des Markthalters Zorn. Aber du mußt verstehen, Herr –«

»Willst du das, dummer Mann, wohl sein lassen, mit ›Herr, Herr‹? Damit hat's nun ein Ende!«

»Du mußt verstehen, daß wir auch wieder beim Markthalter Schutz suchen möchten vor dem Bruder, denn vor Zeiten haben wir übel an ihm getan.«

»Das habt ihr!« sprach Ruben und zog grimmig die Muskeln seines Gesichtes an. »Es ist unerhört, Jehosiph, was ich erfahren muß bei dieser Gelegenheit. Denn sie haben dich verkauft hinter meinem Rücken und mir nichts davon angezeigt und hab's nicht gewußt all die Zeit her, daß sie dich losgeschlagen und Kaufgeld für dich genommen...«

»Laß gut sein, Ruben«, sprach Dan, von Bilha. »Du hast auch dies und das getan hinter unserem Rücken und warst hinterrücks bei der Grube, daß du den Kleinen stählest. Und was das Kaufgeld betrifft, so war es kein Reichtum damit, wie Gnaden Joseph sehr wohl weiß, zwanzig Schekel phönizisch, das war alles, dank des Alten Zähigkeit, und wir können jederzeit darüber abrechnen, daß du zu dem Deinen kommst.«

»Zanket nicht, Männer!« sagte Joseph. »Zanket euch nicht deswegen und darum, was der eine getan und der andre nicht wußte. Denn Gott hat es alles recht gemacht. Dir dank' ich, Ruben, mein großer Bruder, daß du zur Höhle kamst mit deinem Gestrick, um mich herauszuziehen und mich dem Vater wiederzugeben. Ich aber war nicht mehr da, und das war gut, denn so sollt' es nicht sein und wäre nicht richtig gewesen. Nun aber ist's recht. Nun wollen wir alle an nichts als den Vater denken...«

Laßt michs immer leiser sagen
Rudolf Alexander Schröder

Laßt michs immer leiser sagen,
Immer sanfter, eh ich scheide:
Wüßt ich doch von keinem Leide,
Das zu klagen.

Klagt ihr immer und verklagt euch,
Schuldig um die fremden Schulden:
Ich erfuhrs: Ihr lernt gedulden;
Ihr vertragt euch.

Einer raubt, was ihr euch raubet,
Nimmt euch ab, was ihr genommen;
Jedem frommt ein andres Frommen,
Als ihr glaubtet.

Kleid und Haus, sie wären deine?
Dein der Hof, das Land, die Krone?
Still! – Ihr wißts, euch selbst zum Hohne,
Was ich meine.

Still, und laßt michs leiser sagen,
Sanfter sagen, eh wir scheiden:
Menschen-Los ist Menschen-Leiden.
Lernts ertragen.

Die beiden Brüder
Hermann Hesse

Das folgende versöhnliche Märchen schrieb Hermann Hesse im Jahr 1887 – im Alter von zehn Jahren. Es ist die früheste bekannte Prosaarbeit des Dichters.

Es war einmal ein Vater, der hatte zwei Söhne. Der eine war schön und stark, der andere klein und verkrüppelt, darum verachtete der Große den Kleinen. Das gefiel dem Jüngeren nun gar nicht, und er beschloß, in die weite, weite Welt zu wandern. Als er eine Strecke weit gegangen war, begegnete ihm ein Fuhrmann, und als er den fragte, wohin er fahre, sagte der Fuhrmann, er müsse den Zwergen ihre Schätze in einen Glasberg fahren. Der Kleine fragte ihn, was der Lohn sei. Er bekam die Antwort, er bekomme als Lohn einige Diamanten. Da wollte der Kleine auch gern zu den Zwergen gehen. Darum fragte er den Fuhrmann, ob er glaube, daß die Zwerge ihn aufnehmen wollten. Der Fuhrmann sagte, das wisse er nicht, aber er nahm den Kleinen mit sich. Endlich kamen sie an den Glasberg, und der Aufseher der Zwerge belohnte den Fuhrmann reichlich für seine Mühe und entließ ihn. Da bemerkte er den Kleinen und fragte ihn, was er wolle. Der Kleine sagte ihm alles. Der Zwerg sagte, er solle ihm nur nachgehen. Die Zwerge nahmen ihn gern auf, und er führte ein herrliches Leben.

Nun wollen wir auch nach dem anderen Bruder sehen. Diesem ging es lang daheim sehr gut. Aber als er älter wurde, kam er zum Militär und mußte in den Krieg. Er wurde am rechten Arm verwundet und mußte betteln. So kam der Arme auch einmal an den Glasberg und sah einen Krüppel dastehen, ahnte aber nicht, daß es sein Bruder sei. Der aber erkannte ihn gleich und fragte ihn, was er wolle. »O mein Herr, ich bin an jeder Brotrinde froh, so hungrig bin ich.« »Komm mit mir«, sagte der Kleine, und ging in eine Höhle, deren Wände von lauter Diamanten glitzerten. »Du kannst dir davon eine Handvoll nehmen, wenn du die Steine ohne Hilfe herunterbringst«, sagte der Krüppel. Der Bettler versuchte nun mit seiner einen gesunden Hand etwas von den Diamantenfelsen loszumachen, aber es ging natürlich nicht. Da sagte der Kleine: »Du hast vielleicht einen Bruder, ich erlaube dir, daß er dir hilft.« Da fing der Bettler an zu weinen und sagte: »Wohl hatte ich einst einen Bruder, klein und verwachsen, wie Sie, aber so gutmütig und freundlich, er hätte mir gewiß geholfen, aber ich habe ihn lieblos von mir gestoßen, und ich weiß schon lang nichts mehr von ihm.« Da sagte der Kleine: »Ich bin ja dein Kleiner, du sollst keine Not leiden, bleib bei mir.«

Der Liebe Dauer
Ferdinand Freiligrath

O lieb', so lang' du lieben kannst!
  O lieb', so lang' du lieben magst!
  Die Stunde kommt, die Stunde kommt,
  Wo du an Gräbern stehst und klagst!

Und sorge, daß dein Herze glüht
  Und Liebe hegt und Liebe trägt,
  So lang' ihm noch ein ander Herz
  In Liebe warm entgegen schlägt!

Und wer dir seine Brust erschließt,
  O tu' ihm, was du kannst, zu lieb!
  Und mach' ihm jede Stunde froh,
  Und mach' ihm keine Stunde trüb!

Und hüte deine Zunge wohl,
  Bald ist ein böses Wort gesagt!
  O Gott, es war nicht bös gemeint, –
  Der Andre aber geht und klagt.

O lieb', so lang' du lieben kannst!
  O lieb', so lang' du lieben magst!
  Die Stunde kommt, die Stunde kommt,
  Wo du an Gräbern stehst und klagst!

Dann kniest du nieder an der Gruft,
  Und birgst die Augen, trüb und naß

– Sie sehn den Andern nimmermehr –
In's lange, feuchte Kirchhofsgras.

Und sprichst: O schau' auf mich herab,
Der hier an deinem Grabe weint!
Vergib, daß ich gekränkt dich hab'!
O Gott, es war nicht bös gemeint!

Er aber sieht und hört dich nicht,
Kommt nicht, daß du ihn froh umfängst;
Der Mund, der oft dich küßte, spricht
Nie wieder: ich vergab dir längst!

Er tat's, vergab dir lange schon,
Doch manche heiße Träne fiel
Um dich und um dein herbes Wort –
Doch still – er ruht, er ist am Ziel!

O lieb', so lang' du lieben kannst!
O lieb', so lang' du lieben magst!
Die Stunde kommt, die Stunde kommt,
Wo du am Grabe stehst und klagst!

Die Söhne des Senators
Theodor Storm

*Die Novelle »Die Söhne des Senators« von Theodor
Storm beschreibt die Geschichte eines Bruderkonflikts.
Die Söhne des Senators – das sind Christian Albrecht und
Friedrich Jovers, die sich um einen Bruchteil des väterlichen Erbes streiten, den Garten hinter ihrem Elternhaus.
Christian und seine Frau Christine wollen ihn für ihre
zukünftigen Kinder, Friedrich für seine geplanten Blu-
menbeete. Also zieht er eine mannshohe Mauer in des
Gartens Mitte hoch, um den lieben Kleinen schon vor
ihrer Geburt das Blumenrupfen unmöglich zu machen.
Eines schönen Tages geht ihm auf, daß er sich unmöglich
verhalten hat. Den sichtbaren Ausdruck seines Sinnes-
wandels bemerkt als erste seine Schwägerin ...*

»Christian, Christian Albrecht!« rief sie. » Wo steckst
du? Komm doch, komm geschwinde!«

Da trat er schon mit heiterem Antlitz aus der Schreib-
stube auf sie zu.

»Komm!« rief sie nochmals und ergriff ihn bei der
Hand. »Ein Wunder, Christian Albrecht, ein wirkliches
Wunder! Wie aus dem Döntje von dem Fischer un sine
Fru! Ein schwarzer jütscher Topf, ein Haus, ein Palast;
immer höher und höher, und dann eines angenehmen
Morgens – Mantje Mantje Timpe Te! – da sitzen sie

wieder in ihrem schwarzen Pott!« Und sie sah mit glückseligen Augen zu ihrem Mann empor.

Auch aus seinen Augen leuchtete ein Strahl des Glückes. »Ich habe es schon gesehen«, sagte er; »aber es ist kein Wunder, es ist viel besser als ein Wunder.«

Und als sie dann Arm in Arm auf den Hof hinaustraten, der wieder hell und frei wie früher vor ihnen lag, da sahen sie die hohe Mauer bis auf ihr altes Maß hinabgeschwunden, und hinter der niedrigen Grenzscheide stand Herr Friedrich Jovers und streckte schweigend dem Bruder seine Hand entgegen.

»Friedrich!«

»Christian Albrecht!«

Die Hände lagen ineinander; aber jetzt erhob Herr Friedrich den Kopf, als ob er nach den Fenstern des elterlichen Hauses hinüberlausche.

»Worauf hörst du, Bruder?« frug ihn der Senator.

Einen Augenblick noch blieb der andre in seiner horchenden Stellung, dann ging ein Lächeln über sein ernstes Gesicht. »Ich meinte, Bruder, daß unser alter Papagei mich riefe, aber er hat es neulich abends schon getan.«

Und als er das gesagt hatte, legte er die eine Hand auf den oberen Rand der Mauer, und mit einem Satze schwang er sich hinüber.

»Mein Gott, Friedrich«, rief Frau Christine, »ich habe dich noch niemals springen sehen!« Und dabei standen ihre Augen voll von Tränen.

Er faßte seine Schwägerin an beiden Händen. »Christine,« sagte er, »dieser Sprung war nur ein Symbolum; ich werde künftig wieder hübsch auf ebener Erde bleiben.«

Der Senator blickte heiter in den nun wieder frei gewordenen Luftraum. »Lieber Bruder«, begann er mit bedächtigem Lächeln, »die ganze Mauer war ja eigentlich nur ein Symbolum, außer daß sie denn doch leibhaftig dagestanden, und währenddem der alte Friedebohm sich seine Federn nicht mehr schneiden konnte –«

Herr Friedrich unterbrach ihn: »Wenn's gefällig wäre, so nehmet noch einmal eure eben abgelegten Hüte und begleitet mich auf einer kurzen Promenade!«

»Was du willst, Friedrich!« rief Frau Christine. »Alles, was du willst!« Und da Herr Christian Albrecht gleichfalls einverstanden war, so gingen sie miteinander durch das elterliche Haus, und Herr Friedrich führte sie den bekannten Weg hinten um die Stadt, an der grünen Marsch entlang und wieder in die Stadt hinein.

Böttcher Basch und sein wiedergefundener Sohn
Theodor Storm

Ein versöhnliches Happy-End bereitet Theodor Storm auch den Helden seiner Novelle »Böttcher Basch«, dem Böttchermeister Daniel und seinem Sohn Fritz, die sich einander gründlich entfremdet hatten, nachdem Fritz nach Amerika ausgewandert war, um dort sein Glück zu suchen, statt in den väterlichen Betrieb einzusteigen. In dieser Zeit ist das einzige lebendige Andenken des einsamen Vaters an seinen Sohn Fritzens Dompfaff, der von früh bis spät die Melodie »Üb immer Treu und Redlichkeit« pfeift. Als der verlorene Sohn eines Tages wieder vor der Haustür steht, nicht als reicher Mann, doch als tüchtiger Handwerker und gereifter Mensch, erlebt der Alte den schönsten Moment in seinem Leben...

Der Vogel hing schon einen Tag lang in der Giebelstube; Riekchen hatte neugierig genug an dem jungen Mann herumgefragt, aber er hatte sie schelmisch lächelnd versichert, ein Engel habe ihn gebracht. Gepfiffen hatte er noch nicht, und Meister Daniel fiel aus einem Schlafe in den andern.

Fritz hatte ein paar Wege in der Stadt gemacht; zuerst war er bei dem Bürgermeister Lüders gewesen, der damals als ein heftiger Selbstherrscher regierte, aber auch stets allen tüchtigen Einwohnern ein bereiter Helfer und

Berater war; dann war er zum Altmeister seines Gewerkes gegangen. Als er voll Hoffnung von seinem Gange zurückkehrte, hörte er schon auf der Gasse den ungewöhnlich hellen Schlag des Dompfaffen; als sei dem Vogel erst jetzt zum Bewußtsein gekommen, daß er zu Hause und bei seinen Freunden sei. Fritz überfiel die Sorge, der starke Ton könne doch den Kranken stören, und ging eilig der Treppe zu. Mamsell Riekchen steckte den Kopf aus der Küchentür: »Er schläft!« sagte sie leis und wies nach oben, aber Fritz nickte nur und stieg rasch hinauf, um den Vogel stillzumachen.

Aber als er die Tür geöffnet hatte, sah er seinen Vater aufrecht mit aufgestützten Armen in dem Bette sitzen, als ob er eifrig lausche; ein Ausdruck von seligem Behagen lag auf seinem eingefallenen Antlitz. Der Vogel hatte sich nicht stören lassen, sein Schlag schallte laut durch die Kammer.

Fritz trat behutsam an das Fußende des Bettes, da wandte Meister Daniel seinen Kopf, und mit Schrecken sah der Sohn seine Augen starr werden, als ob die Krankheit mit noch größerer Gewalt zurückkehrte. Aber die Furcht war umsonst, nur ein Augenblick, dann war's vorüber; wie zögernd trat ein Lächeln um die blassen Lippen, und die Augen des alten Mannes wurden feucht. »Fritz! Min Fritz!« kam es zitternd von seinem Munde, und er streckte die Arme gegen seinen Sohn und hielt ihn fest an seiner Brust. Und wieder schob er ihn von sich und betrachtete das männlich gewordene Antlitz des jungen Mannes und strich mit zitternder Hand über den Bart auf seiner Lippe, dann sah er wieder auf den unablässig schlagenden Dompfaff. Aber die noch schwache Kraft ermüdete, er schien auf einmal sich nicht finden zu können; sein Vogel sang, sein Sohn lag in seinen Armen: »Fritz, min Fritz«, frug er leise, »wo sünd wie eegentlich?«

Da stürzten dem Sohn die lang verhaltenen Tränen: »To Huus! To Huus, Vater! Un ick bün bi di, un uns' ol Vagel singt dato.«

»Min Fritz, mein Sön, Mutter är gude Jung!« stammelte der Alte, dann sank er zurück auf seine Kissen, und sein Herrgott sandte ihm den sanften Schlummer der Genesung.

Am folgenden Sonntag zeigte einer dem andern eine Anzeige im neuen Wochenblatt, und die Kundigen kamen überein, der Bürgermeister stecke einmal wieder dahinter; die aber lautete:

›Meinen geehrten Kunden zur höflichen Nachricht, daß unter dem Beistande meines glücklich heimgekehrten Sohnes Fritz als ausgelernten und wohlerfahrenen Böttchergesellen Bestellungen jeglicher Art wiederum prompt und sauber bei mir ausgeführt werden.

Daniel Basch, Böttchermeister.‹

Ich darf noch eines nicht vergessen, was zwischen Vater und Sohn, ein paar Tage nach ihrem ersten Wiederfinden geschah. Mamsell Therebinte – sie hat es später dem Physikus erzählt – saß strickend in der Giebelstube an dem Fenster, während Fritz an seines Vaters Bette seine kalifornischen Erlebnisse berichtete; der Alte, mit dem es rüstig aufwärts ging, war schon kräftig genug, um sie ohne Nachteil hören zu können; er saß aufrecht und hatte die Arme auf der Decke. Als aber der Sohn erzählte, daß er nach Heilung von jenem Messerstich, wobei sein ausgegraben Gold wie Teufelsspuk verschwunden sei, unweit der Mine bei einem großen Weinbauer als Böttcher einen Platz gefunden, und wie er dann hinzusetzte: »Doch das, weißt du ja, mein Vater, ich hab dir derzeit ja den langen Brief geschrieben«, da hatte der Alte die Augen groß geöffnet, und dem Sohne war, als ob er ihn heftig fragend ansehe.

»Ja, Vater«, sagte er rasch, »nun weiß ich's wohl, es war eine böse Dummheit, aber so wird man in der Fremde: ich meint, ich dürfe nun nicht wieder schreiben, – nur verdienen und, wenn's genug wäre, dann mich selber mit nach Hause bringen. Und das ging langsam, Vater, und wurde auch nicht zu viel, aber« – und er verfiel in sein geliebtes Plattdeutsch: »is doch all suur un ehrlich verdeent Geld!«

Der Alte hatte sich gefaßt, er drückte seinem Sohn die Hand: »Du un dat Geld tosamen«, sagte er, »dat is genog.« Aber der Klang der Stimme war so trübe, als berge ein großer und verschwiegener Kummer sich dahinter, und ein Gedanke fuhr wie ein Todesschreck durch das Gehirn des jungen Mannes: »Vatter«, rief er, er zwang sich, daß er es nicht laut herausschrie – »du hest de Breef nich krägen!«

Die Augen von Vater und Sohn standen eine Weile vor einander, als wagten sie nicht, sich anzublicken. Endlich sprach der Alte langsam: »Da du mi fragst, min Sön – ich heff din Breef nich krägen!«

»Un du hest all de Tid von mi nix hört, as wat de Dögenix, de Amerikaner, hier in de Stadt herumlagen?«

»Nix wider, he hett mit's sülm vertellt.«

Ein furchtbarer Schmerz schien den jungen Körper zu erschüttern: »Oh, Vatter! O min Vatter!« stammelte er.

Aber Meister Daniel nahm den Kopf seines Kindes zwischen seine beiden zitternden Hände: »Min Fritz«, sagte er zärtlich, »ick weet ja nu, du harrst mi nich vergäten, dat anner – dat deit nu nich mehr weh!«

Da schlossen eine junge und eine alte Hand sich in einander, und es bedurfte keiner Worte mehr; der Kopf des Jünglings ruhte mit geschlossenen Augen neben dem des Alten auf dem Kissen, unachtend der kleinen Figur, die dort am Fenster mit erregten Fingern strickte, bis endlich sein Herz in ruhigeren Schlägen klopfte. Dann küßte er seinen Vater und ging hinab zu seiner Arbeit.

2. Auch das ist Liebes-Leben:
Wer liebt, der kann vergeben

Selige, heilige Tage, welche auf die Versöhnungsstunde der Menschen folgen! Die Liebe ist wieder blöde und jungfräulich, der Geliebte neu und verklärt, das Herz feiert seinen Mai.

Jean Paul

Lieben heißt: einander nie um Verzeihung bitten
Erich Segal

*Der amerikanische Altphilologe Erich Segal, ein Experte
für ausgestorbene Sprachen, schrieb eines der meistge-
kauften Bücher des Jahrhunderts: Die »Love Story«, die
sich zwischen Jenny und Oliver abspielt. Im folgenden
Auszug hat das Paar den ersten großen Krach zu beste-
hen: Trotz inständiger Bitten seiner Freundin weigert sich
Oliver, mit seinem schwerreichen Vater, der die Verbindung seines Sohnes mit dem Arbeiterkind Jenny mißbil-
ligt, am Telefon auch nur ein Wort zu wechseln...*

»Oh, guten Abend, Sir«, hörte ich sie sagen. Ging der
alte Schweinehund neuerdings ans Telefon? War er nicht
die Woche über in Washington? Das hatte eine neuere
Kurzbiographie in der *New York Times* behauptet. Auf
die verdammten Journalisten ist heutzutage auch kein
Verlaß mehr. *Wie lange dauert denn das, nein zu sagen?*

Jennifer hatte schon länger gesprochen, als nötig war,
um diese simple Silbe auszusprechen.

»Ollie?«

Sie hatte die Hand über die Sprechmuschel gelegt.

»Ollie, *muß* es eine Absage sein?«

Mein Nicken deutete an, daß es sein mußte, und mein
Gewedel mit der Hand deutete an, daß sie sich, zum
Kuckuck, damit beeilen sollte.

»Es tut mir schrecklich leid«, sagte sie ins Telefon. »Ich meine, es tut *uns* schrecklich leid, Sir...«

Uns! Mußte sie mich da mit hineinziehen? Und warum kam sie nicht zur Sache und hängte ein?

»Oliver?«

Sie deckte wieder die Hand auf die Muschel und sprach sehr laut.

»Er ist verwundet, Oliver. Du kannst doch nicht einfach dasitzen und deinen Vater bluten lassen?«

Wäre sie nicht in einem so erregten Zustand gewesen, hätte ich ihr wieder mal erklärt, daß Steine nicht bluten und daß sie ihre italo-mediterranen Fehlvorstellungen von Eltern nicht auf die zerklüfteten Höhen des Mount Rushmore projizieren sollte. Aber sie war aufgeregt. Und das regte mich auch auf.

»Oliver«, bat sie, »kannst du nicht ein einziges Wort sagen?«

Zu ihm? War sie denn verrückt?

»Vielleicht bloß guten Tag?«

Sie reichte mir den Hörer. Und sie versuchte, nicht zu weinen.

»Ich rede nicht mit ihm. Niemals«, sagte ich vollkommen ruhig. Und jetzt weinte sie. Nicht hörbar, aber die Tränen liefen ihr übers Gesicht. Und dann – verlegte sie sich aufs Betteln.

»Tu's für mich, Oliver. Ich hab noch nie um was gebeten, *Bitte!*«

Alle drei. Alle drei standen wir da (irgendwie stellte ich mir vor, mein Vater wäre auch da) und warteten auf etwas. Auf was? Auf mich?

Ich brachte es nicht fertig.

Begriff Jenny denn nicht, daß sie etwas Unmögliches verlangte? Daß ich alles, einfach alles andere getan hätte? Während ich auf den Boden schaute und in eisiger Ablehnung und äußerstem Unbehagen den Kopf schüttelte, sprach Jenny in wütendem Flüsterton zu mir, wie ich es noch nie von ihr gehört hatte:

»Du bist ein herzloses Biest«, sagte sie. Und dann beendete sie das Telefonat mit meinem Vater, indem sie sagte:

»Mr. Barrett, Oliver würde Ihnen gern sagen, daß er Sie auf seine Art –«

Sie hielt inne, um zu Atem zu kommen. Sie hatte vorher geschluchzt, und daher war es nicht so einfach. Ich war viel zu verblüfft, um etwas anderes zu tun, als auf das Ende dessen zu warten, was ich angeblich ›ausrichten ließ‹.

»Oliver hat Sie sehr lieb«, sagte sie und hing schnell ein.

Es gibt keine logische Erklärung für das, was ich im nächsten Sekundenbruchteil tat. Ich beantrage mildernde Umstände wegen zeitweiliger Unzurechnungsfähigkeit. Nein, ich verbessere: ich beantrage keinerlei mildernde Umstände. Was ich tat, muß unverzeihlich bleiben.

Ich riß ihr den Telefonapparat aus der Hand und dann aus der Wand und schleuderte ihn quer durchs Zimmer.

»Verdammt noch mal, Jenny. Scher dich zum Teufel, ich will dich nicht mehr sehen!«

Ich hielt inne und keuchte wie ein Tier, denn das war ich plötzlich geworden. Was, zum Kuckuck, war in mich gefahren? Ich drehte mich zu Jenny um.

Sie war weg.

Ich meine, wirklich und wahrhaftig weg, ich hörte nicht einmal mehr Schritte auf der Treppe. Heiliger Strohsack, sie mußte schon in dem Augenblick, als ich nach dem Telefon griff, hinausgelaufen sein. Sogar ihr Mantel und Schal waren noch da. So weh es tat, nicht zu wissen, was ich tun sollte – zu wissen, was ich eben getan hatte, tat noch weher.

Ich suchte sie überall.

In der Bibliothek des juristischen Seminars tigerte ich durch die Reihen der büffelnden Studenten und suchte und suchte. Rauf und wieder runter, mindestens ein halbes Dutzend Mal. Obwohl ich keinen Ton von mir gab, wußte ich genau, daß mein bohrender Blick und meine grimmige Miene den ganzen verdammten Stall störte. Na, wenn schon. Jenny war nicht da.

Dann überall in den Aufenthaltsräumen von Harkness Commons, in der Halle, in der Cafeteria. Dann ein wilder Spurt hinüber, um in der Agassiz Hall in Radcliffe nachzusehen. Auch nichts. Ich rannte jetzt überallhin, meine Beine versuchten das Tempo meines Herzschlags einzuholen.

Pain Hall? (Die reine Ironie, verdammt noch mal, diese Peinhalle.) Im Parterre sind Klavierübungsräume. Ich kenne doch Jenny. Wenn sie aufgebracht ist, haut sie in die vermaledeiten Tasten. Etwa nicht? Aber was tut sie, wenn sie halbtot ist vor Angst?

Es ist schon irre, durch einen Korridor zu laufen, an dem rechts und links geübt wird. Die Klänge von Mozart und Bartok, Bach und Brahms dringen durch die Türen und mischen sich zu einem gespenstischen Getöse.

Hier mußte Jenny sein!

Instinktiv blieb ich vor einer Tür stehen, hinter der ich das Hämmern (klang es nicht böse?) eines Chopinschen Präludiums hörte. Sekundenlang verhielt ich den Schritt. Jemand spielte, ziemlich mau, stockte, fing von vorn an und griff daneben. In einer Pause hörte ich eine Mädchenstimme murmeln: »Mist!« Das mußte Jenny sein! Ich riß die Tür auf.

Am Klavier saß ein Radcliffe-Mädchen. Sie blickte auf. Eine häßliche, breitschultrige Hippie-Kanaille von Radcliffe, die sich darüber ärgerte, daß ich reinplatzte.

»Was auf dem Herzen, Mann?« fragte sie.

»Nur Schlechtes«, erwiderte ich und machte die Tür wieder zu.

Dann versuchte ich es auf dem Harvard Square. Im Café Pamplona, in Tommy's Arcade, sogar bei Heyes

Bock – wo viele Künstler hingehen. *Nichts.* Wohin konnte Jenny gegangen sein?

Ich stand da, verloren auf dieser Insel im Dunkeln des Harvard Square, und wußte nicht, wohin ich gehen und was ich jetzt machen sollte. Ein Farbiger näherte sich und fragte mich, ob ich Kif oder Hasch brauchte. Ganz abwesend antwortete ich: »Nein, vielen Dank.«

Diesmal rannte ich nicht. Ich meine, wozu die Eile, wenn man in ein leeres Haus heimkehrt? Es war sehr spät, und ich war ganz erstarrt, mehr vor Angst als vor Kälte (obwohl es nicht warm war, das können Sie mir glauben). Aus einigen Metern Entfernung sah ich jemand oben auf der Treppe sitzen. Es mußte an meinen Augen liegen, die mir einen Streich spielen: die Gestalt war völlig regungslos.

Aber es war Jenny.

Sie saß auf der obersten Stufe.

Ich war viel zu erschöpft, um einen Schreck zu kriegen, und viel zu erleichtert, um ein Wort herauszubringen. Innerlich hoffte ich, daß sie einen stumpfen Gegenstand bei sich hätte, um ihn mir über den Schädel zu hauen.

»Jen?«

»Ollie?«

Wir sprachen beide so leise, daß es unmöglich war, unsere Gefühle herauszuhören.

»Ich hab den Schlüssel vergessen«, sagte Jenny.

Ich stand am Fuß der Treppe und hatte Angst zu fragen, wie lange sie schon so dort gesessen hatte, und wußte nur dies eine: ich hatte ihr schrecklich unrecht getan.

»Jenny, bitte verzeih!«

»Sei still.« Sie schnitt meine Entschuldigung ab und sagte dann ganz leise: »Lieben heißt, daß man nie um Verzeihung bitten muß!«

Ich stieg die Treppe hinauf bis dorthin, wo sie saß.

»Ich möchte gern schlafen gehen. Okay?« sagte sie.

»Okay.«

Wir steigen zu unserer Wohnung hinauf. Während wir uns auszogen, sah sie mich nochmals ermutigend an.

»Ich hab das ernst gemeint, was ich gesagt habe, Oliver.«

Das war alles.

Meine Lieder
Heinrich Heine

Ich wollte, meine Lieder
Das wären Blümelein.
Ich schickte sie zu riechen
Der Herzallerliebsten mein.

Ich wollte, meine Lieder
Das wären Küsse fein,
Ich schickt' sie heimlich alle
Nach Liebchens Wängelein.

Ich wollte, meine Lieder
Das wären Erbsen klein,
Ich kocht' eine Erbsensuppe,
Die sollte köstlich sein.

Der Blumenstrauß
Ludwig Uhland

Wenn Sträuchern, Blumen manche Deutung eigen,
Wenn in den Rosen Liebe sich entzündet,
Vergißmeinnicht im Namen schon sich kündet,
Lorbeere Ruhm, Zypressen Trauer zeigen;

Wenn, wo die andern Zeichen alle schweigen,
Man doch in Farben zarten Sinn ergründet,
Wenn Stolz und Neid dem Selben sich verbündet,
Wenn Hoffnung flattert in den grünen Zweigen,

So brach ich, wohl mit Grund in meinem Garten
Die Blumen aller Farben, aller Arten
Und bring' sie dir, zu wildem Strauß gereihet:

Dir ist ja meine Lust, mein Hoffen, Leiden,
Mein Lieben, meine Treu', mein Ruhm, mein Neiden,
Dir ist mein Leben, dir mein Tod geweihet.

Die wunderlichen Nachbarskinder
Johann Wolfgang von Goethe

Ein in sich geschlossenes Kapitel in Goethes Roman »Die Wahlverwandtschaften« trägt den Titel »Die wunderlichen Nachbarskinder«. Es könnte auch »Was sich liebt, das neckt sich« überschrieben sein, denn das eigenwillige Paar, das sich in der Kinderzeit von Herzen gehaßt zu haben glaubte, feiert im heiratsfähigen Alter seine immerwährende Versöhnung...

Zwei Nachbarskinder von bedeutenden Häusern, Knabe und Mädchen, in verhältnismäßigem Alter, um dereinst Gatten zu werden, ließ man in dieser angenehmen Aussicht miteinander aufwachsen, und die beiderseitigen Eltern freuten sich einer künftigen Verbindung. Doch man bermerkte gar bald, daß die Absicht zu mißlingen schien, indem sich zwischen den beiden trefflichen Naturen ein sonderbarer Widerwille hervortat. Vielleicht waren sie einander zu ähnlich. Beide in sich selbst gewendet, deutlich in ihrem Wollen, fest in ihren Vorsätzen; jedes einzeln geliebt und geehrt von seinen Gespielen; immer Widersacher, wenn sie zusammen waren, immer aufbauend für sich allein, immer wechselsweise zerstörend, so sie sich begegneten, nicht wetteifernd nach Einem Ziel, aber immer kämpfend um Einen Zweck; gutartig durchaus und nur bösartig, indem sie sich aufeinander bezogen.

Dieses wunderliche Verhältnis zeigte sich schon bei kindischen Spielen, es zeigte sich bei zunehmenden Jahren. Und wie die Knaben Krieg zu spielen, sich in Parteien zu sondern, einander Schlachten zu liefern pflegen, so stellte sich das trotzig-mutige Mädchen einst an die Spitze des einen Heers und focht gegen das andre mit solcher Gewalt und Erbitterung, daß diese schimpflich wäre in die Flucht geschlagen worden, wenn ihr einzelner Widersacher sich nicht sehr brav gehalten und seine Gegnerin doch noch zuletzt entwaffnet und gefangen genommen hätte. Aber auch da noch wehrte sie sich so gewaltsam, daß er, um seine Augen zu erhalten und die Feindin doch nicht zu beschädigen, sein seidenes Halstuch abreißen und ihr die Hände damit auf den Rücken binden mußte.

Dies verzieh sie ihm nie, ja sie machte so heimliche Anstalten und Versuche, ihn zu beschädigen, daß die Eltern, die auf diese seltsamen Leidenschaften schon längst achtgehabt, sich miteinander verständigten und beschlossen, die beiden feindlichen Wesen zu trennen und jene lieblichen Hoffnungen aufzugeben.

Der Knabe tat sich in seinen neuen Verhältnissen bald hervor. Jede Art von Unterricht schlug bei ihm an. Gönner und eigene Neigung bestimmten ihn zum Soldatenstande. Überall, wo er sich fand, war er geliebt und geehrt. Seine tüchtige Natur schien nur zum Wohlsein, zum Behagen anderer zu wirken, und er war in sich, ohne deutliches Bewußtsein, recht glücklich, den einzigen Widersacher verloren zu haben, den die Natur ihm zugedacht hatte.

Das Mädchen dagegen trat auf einmal in einen veränderten Zustand. Ihre Jahre, eine zunehmende Bildung und mehr noch ein gewisses inneres Gefühl zogen sie von den heftigen Spielen hinweg, die sie bisher in Gesellschaft der Knaben auszuüben pflegte. Im ganzen schien ihr etwas zu fehlen: nichts war um sie herum, das wert gewesen wäre, ihren Haß zu erregen. Liebenswürdig hatte sie noch niemanden gefunden.

Ein junger Mann, älter als ihr ehemaliger nachbarlicher Widersacher, von Stand, Vermögen und Bedeutung, beliebt in der Gesellschaft, gesucht von Frauen, wendet ihr seine ganze Neigung zu. Es war das erste Mal, daß sich ein Freund, ein Liebhaber, ein Diener um sie bemühte. Der Vorzug, den er ihr vor vielen gab, die älter, gebildeter, glänzender und anspruchsreicher waren als sie, tat ihr gar zu wohl. Seine fortgesetzte Aufmerksamkeit, ohne daß er zudringlich gewesen wäre, sein treuer Beistand bei verschiedenen unangenehmen Zufällen, sein gegen ihre Eltern zwar ausgesprochnes, doch ruhiges und nur hoffnungsvolles Werben, da sie freilich noch sehr jung war: das alles nahm sie für ihn ein, wozu die Gewohnheit, die äußern, nun von der Welt als bekannt angenommenen Verhältnisse das ihrige beitrugen. Sie war so oft Braut genannt worden, daß sie sich endlich selbst dafür hielt, und weder sie noch irgend jemand dachte daran, daß noch eine Prüfung nötig sei, als sie den Ring mit demjenigen wechselte, der so lange Zeit für ihren Bräutigam galt.

Der ruhige Gang, den die ganze Sache genommen hatte, war auch durch das Verlöbnis nicht beschleunigt worden. Man ließ eben von beiden Seiten alles so fortgewähren; man freute sich des Zusammenlebens und wollte die gute Jahreszeit durchaus noch als einen Frühling des künftigen ernsteren Lebens genießen.

Indessen hatte der Entfernte sich zum schönsten ausgebildet, eine verdiente Stufe seiner Lebensbestimmung erstiegen, und kam mit Urlaub, die Seinigen zu besuchen. Auf eine ganz natürliche, aber doch sonderbare Weise stand er seiner schönen Nachbarin abermals entgegen. Sie hatte in der letzten Zeit nur freundliche, bräutliche Familienempfindungen bei sich genährt, sie war mit allem, was sie umgab, in Übereinstimmung; sie glaubte, glücklich zu sein, und war es auch auf gewisse Weise. Aber nun stand ihr zum ersten Mal seit langer Zeit wieder etwas entgegen: es war nicht hassenswert, sie war des Hasses unfähig geworden; ja der kindliche Haß, der eigentlich nur ein dunkles Anerkennen des inneren Wertes gewesen, äußerte sich nun in frohem Erstaunen, erfreulichem Betrachten, gefälligem Eingestehen, halb willigem halb unwilligem und doch notwendigem Annahen, und das alles war wechselseitig. Eine lange Entfernung gab zu längeren Unterhaltungen Anlaß. Selbst jene kindische

Unvernunft diente den Aufgeklärteren zu scherzhafter Erinnerung, und es war, als wenn man sich jenen neckischen Haß wenigstens durch eine freundschaftliche aufmerksame Behandlung vergüten müsse, als wenn jenes gewaltsame Verkennen nunmehr nicht ohne ein ausgesprochenes Anerkennen bleiben dürfe.

Von seiner Seite blieb alles in einem verständigen, wünschenswerten Maß. Sein Stand, seine Verhältnisse, sein Streben, sein Ehrgeiz beschäftigten ihn so reichlich, daß er die Freundlichkeit der schönen Braut als eine dankenswerte Zugabe mit Behaglichkeit aufnahm, ohne sie deshalb in irgendeinem Bezug auf sich zu betrachten oder sie ihrem Bräutigam zu mißgönnen, mit dem er übrigens in den besten Verhältnissen stand.

Bei ihr hingegen sah es ganz anders aus. Sie schien sich wie aus einem Traum erwacht. Der Kampf gegen ihren jungen Nachbar war die erste Leidenschaft gewesen, und dieser heftige Kampf war doch nur, unter der Form des Widerstrebens, eine heftige gleichsam angeborne Neigung. Auch kam es ihr in der Erinnerung nicht anders vor, als daß sie ihn immer geliebt habe. Sie lächelte über jenes feindliche Suchen mit den Waffen in der Hand; sie wollte sich des angenehmsten Gefühls erinnern, als er sie entwaffnete; sie bildete sich ein, die größte Seligkeit empfunden zu haben, da er sie band, und alles, was sie zu seinem Schaden und Verdruß unternommen hatte, kam ihr nur als unschuldiges Mittel vor, seine Aufmerksamkeit auf sich zu ziehen. Sie verwünschte jene Trennung, sie bejammerte den Schlaf, in den sie verfallen, sie verfluchte die schleppende, träumerische Gewohnheit, durch die ihr ein so unbedeutender Bräutigam hatte werden können; sie war verwandelt, doppelt verwandelt, vorwärts und rückwärts, wie man es nehmen will.

Hätte jemand ihre Empfindungen, die sie ganz geheim hielt, entwickeln und mit ihr teilen können, so würde er sie nicht gescholten haben: denn freilich konnte der Bräutigam die Vergleichung mit dem Nachbar nicht aushalten, sobald man sie nebeneinander sah. Wenn man dem einen ein gewisses Zutrauen nicht versagen konnte, so erregte der andere das vollste Vertrauen; wenn man den einen gern zur Gesellschaft mochte, so wünschte man sich den andern zum Gefährten; und dachte man gar an höhere Teilnahme, an außerordentliche Fälle, so hatte man wohl an dem einen gezweifelt, wenn einem der andere vollkommene Gewißheit gab. Für solche Verhältnisse ist den Weibern ein besonderer Takt angeboren, und sie haben Ursache so wie Gelegenheit, ihn auszubilden...

Indessen hatten sich Freunde, Verwandte, Bekannte in Anordnungen von mancherlei Festen erschöpft. Kaum verging ein Tag, daß nicht irgend etwas Neues und Unerwartetes angestellt worden wäre. Kaum war ein schöner Platz der Landschaft, den man nicht ausgeschmückt und zum Empfang vieler frohen Gäste bereitet hätte. Auch wollte unser junger Ankömmling noch vor seiner Abreise das Seinige tun und lud das junge Paar mit einem engeren Familienkreis zu einer Wasserlustfahrt. Man bestieg ein großes, schönes, wohlausgeschmücktes Schiff, eine der Jachten, die einen kleinen Saal und einige Zimmer anbieten und auf das Wasser die Bequemlichkeiten des Landes überzutragen suchen.

Man fuhr auf dem großen Strome mit Musik dahin; die Gesellschaft hatte sich bei heißer Tageszeit in den untern Räumen versammelt, um sich an Geistes- und Glücksspielen zu ergötzen. Der junge Wirt, der niemals untätig bleiben konnte, hatte sich ans Steuer gesetzt, den alten Schiffsmeister abzulösen, der an seiner Seite eingeschlafen war; und eben brauchte der Wachende alle seine Vorsicht, da er sich einer Stelle nahte, wo zwei Inseln das Flußbette verengten und, indem sie ihre flachen Kiesufer bald an der einen, bald an der andern Seite hereinstreckten, ein gefährliches Fahrwasser zubereiteten. Fast war der sorgsame und scharfblickende Steurer in Versuchung, den Meister zu wecken, aber er getraute sichs zu und fuhr gegen die Enge. In dem Augenblick erschien auf dem Verdeck seine schöne Feindin mit einem Blumenkranz in den Haaren. Sie nahm ihn ab und warf ihn auf den Steuernden. Nimm dies zum Andenken! rief sie aus. Störe mich nicht! rief er ihr entgegen, indem er den Kranz auffing: ich bedarf aller meiner Kräfte und meiner Aufmerksamkeit. Ich störe dich nicht weiter, rief sie: du siehst mich nicht wieder! Sie sprachs und eilte nach dem Vorderteil des Schiffs, von da sie ins Wasser sprang. Einige Stimmen riefen: Rettet! rettet! sie ertrinkt! Er war in der entsetzlichsten Verlegenheit. Über dem Lärm erwacht der alte Schiffsmeister, will das Ruder ergreifen, der jüngere es ihm übergeben; aber es ist keine Zeit, die Herrschaft zu wechseln: das Schiff strandet, und in eben dem Augenblick, die lästigsten Kleidungsstücke wegwerfend, stürzte er sich ins Wasser und schwamm der schönen Feindin nach.

Das Wasser ist ein freundliches Element für den, der damit bekannt ist und es zu behandeln weiß. Es trug ihn, und der geschickte Schwimmer beherrschte es. Bald hatte er die vor ihm fortgerissene Schöne erreicht; er faßte sie, wußte sie zu heben und zu tragen; beide wurden vom Strom gewaltsam fortgerissen, bis sie die Inseln, die Werder weit hinter sich hatten und der Fluß wieder breit und gemächlich zu fließen anfing. Nun erst ermannte, nun erholte er sich aus der ersten zudringenden Not, in der er ohne Besinnung nur mechanisch gehandelt; er blickte mit emporstrebendem Haupt umher und ruderte nach Vermögen einer flachen buschigen Stelle zu, die sich angenehm und gelegen in den Fluß verlief. Dort brachte er seine schöne Beute aufs Trockne; aber kein Lebenshauch war in ihr zu spüren. Er war in Verzweiflung, als ihm ein betretener Pfad, der durchs Gebüsch lief, in den Augen leuchtete. Er belud sich aufs neue mit der teuren Last, er

erblickte bald eine einsame Wohnung und erreichte sie.
Dort fand er gute Leute, ein junges Ehepaar. Das Unglück, die Not sprach sich geschwind aus. Was er nach
einiger Besinnung forderte, ward geleistet. Ein lichtes
Feuer brannte; wollne Decken wurden über ein Lager
gebreitet; Pelze, Felle, und was Erwärmendes vorrätig
war, schnell herbeigetragen. Hier überwand die Begierde
zu retten jede andre Betrachtung. Nichts ward versäumt,
den schönen halbstarren nackten Körper wieder ins Leben zu rufen. Es gelang. Sie schlug die Augen auf, sie
erblickte den Freund, umschlang seinen Hals mit ihren
himmlischen Armen. So blieb sie lange; ein Tränenstrom
stürzte aus ihren Augen und vollendete ihre Genesung.
Willst du mich verlassen, rief sie aus, da ich dich so
wiederfinde? Niemals, rief er, niemals! und wußte nicht,
war er sagte noch was er tat. Nur schone dich, rief er

hinzu, schone dich! denke an dich um deinet- und meinetwillen.

Sie dachte nun an sich und bemerkte jetzt erst den Zustand, in dem sie war. Sie konnte sich vor ihrem Liebling, ihrem Retter nicht schämen; aber sie entließ ihn gern, damit er für sich sorgen möge: denn noch war, was ihn umgab, naß und triefend.

Die jungen Eheleute beredeten sich: er bot dem Jüngling und sie der Schönen das Hochzeitskleid an, das noch vollständig dahing, um ein Paar von Kopf zu Fuß und von innen heraus zu bekleiden. In kurzer Zeit waren die beiden Abenteurer nicht nur angezogen, sondern geputzt. Sie sahen allerliebst aus, staunten einander an, als sie zusammentraten, und fielen sich mit übermäßiger Leidenschaft, und doch halb lächelnd über die Vermummung, gewaltsam in die Arme. Die Kraft der Jugend und die Regsamkeit der Liebe stellten sie in wenigen Augenblicken völlig wieder her, und es fehlte nur die Musik, um sie zum Tanz aufzufordern.

Sich vom Wasser zur Erde, vom Tode zum Leben, aus dem Familienkreis in eine Wildnis, aus der Verzweiflung zum Entzücken, aus der Gleichgültigkeit zur Neigung, zur Leidenschaft gefunden zu haben, alles in einem Augenblick – der Kopf wäre nicht hinreichend, das zu fassen, er würde zerspringen oder sich verwirren. Hiebei muß das Herz das Beste tun, wenn eine solche Überraschung ertragen werden soll.

Ganz verloren eins ins andre, konnten sie erst nach einiger Zeit an die Angst, an die Sorgen der Zurückgelassenen denken...

Der Landmann, der von ihnen die Geschichte des gestrandeten Schiffs vernommen hatte, eilte, ohne weiter zu fragen, nach dem Ufer. Das Fahrzeug kam glücklich einhergeschwommen; es war mit vieler Mühe losgebracht worden. Man fuhr aufs Ungewisse fort in der Hoffnung, die Verlorenen wiederzufinden. Als daher der Landmann mit Rufen und Winken die Schiffenden aufmerksam machte, an eine Stelle lief, wo ein vorteilhafter Landungsplatz sich zeigte, und mit Winken und Rufen nicht aufhörte, wandte sich das Schiff nach dem Ufer, und welch ein Schauspiel ward es, da sie landeten! Die Eltern der beiden Verlobten drängten sich zuerst ans Ufer; den liebenden Bräutigam hatte fast die Besinnung verlassen. Kaum hatten sie vernommen, daß die lieben Kinder gerettet seien, so traten diese in ihrer sonderbaren Verkleidung aus dem Busch hervor. Man erkannte sie nicht eher, als bis sie ganz herangetreten waren. Wen seh ich? riefen die Mütter. Was seh ich? riefen die Väter. Die Geretteten warfen sich vor ihnen nieder. Eure Kinder! rief sie aus: ein Paar. Verzeiht! rief das Mädchen. Gebt uns euren Segen! rief der Jüngling. Gebt uns euren Segen! riefen beide, da alle Welt staunend verstummte. Euren Segen! ertönte es zum drittenmal, und wer hätte den versagen können?

Wiederfinden
Johann Wolfgang von Goethe

Ist es möglich! Stern der Sterne,
Drück ich wieder dich ans Herz!
Ach, was ist die Nacht der Ferne
Für ein Abgrund, für ein Schmerz!
Ja, du bist es, meiner Freuden
Süßer, lieber Widerpart;
Eingedenk vergangner Leiden,
Schaudr ich vor der Gegenwart.

Als die Welt im tiefsten Grunde
Lag an Gottes ewger Brust,
Ordnet' er die erste Stunde
Mit erhabner Schöpfungslust,
Und er sprach das Wort: Es werde!
Da erklang ein schmerzlich Ach!
Als das All mit Machtgebärde
In die Wirklichkeiten brach.

Auf tat sich das Licht: so trennte
Scheu sich Finsternis von ihm,
Und sogleich die Elemente
Scheidend auseinanderfliehn.
Rasch, in wilden, wüsten Träumen
Jedes nach der Weite rang,

Starr, in ungemeßnen Räumen,
Ohne Sehnsucht, ohne Klang.

Stumm war alles, still und öde,
Einsam Gott zum erstenmal!
Da erschuf er Morgenröte,
Die erbarmte sich der Qual;
Sie entwickelte dem Trüben
Ein erklingend Farbenspiel,
Und nun konnte wieder lieben,
Was erst auseinanderfiel.

Und mit eiligem Bestreben
Sucht sich, was sich angehört;
Und zu ungemeßnem Leben
Ist Gefühl und Blick gekehrt.
Seis Ergreifen, sei es Raffen,
Wenn es nur sich faßt und hält!
Allah braucht nicht mehr zu schaffen,
Wir erschaffen seine Welt.

So, mit morgenroten Flügeln,
Riß es mich an deinen Mund,
Und die Nacht mit tausend Siegeln
Kräftigt sternenhell den Bund.
Beide sind wir auf der Erde
Musterhaft in Freud und Qual,
Und ein zweites Wort: Es werde!
Trennt uns nicht zum zweitenmal.

Rechtfertigung
Ludwig Uhland

Wohl geht der Jugend Sehnen
Nach manchem schönen Traum;
Mit Ungestüm und Tränen
Stürmt sie den Sternenraum.
Der Himmel hört ihr Flehen
Und lächelt gnädig: Nein!
Und läßt vorübergehen
Den Wunsch zusamt der Pein.

Wenn aber nun vom Scheine
Das Herz sich abgekehrt
Und nur das Echte, Reine,
Das Menschliche begehrt,
Und doch mit allem Streben
Kein Ziel erreichen kann:
Da muß man wohl vergeben
Die Trauer auch dem Mann.

3. Verzeihung, verehrter Rivale!
Dreiecksgeschichten mit Happy-End

Der Mensch ist nie so schön, als wenn er um Verzeihung bittet oder selbst verzeiht.

Jean Paul

Helga und Hildur, zwei großmütige Rivalinnen
Selma Lagerlöf

Gudmund, der schmuckste Bursche der Gemeinde, soll Hildur, die reiche Tochter des Großbauern, heimführen. Einige Tage vor der Hochzeit feiert Gudmund mit einigen Kameraden Abschied vom Junggesellendasein. Völlig betrunken wird er heimgebracht. Tags darauf steht in der Zeitung, ein Toter habe nach der Feier auf der Straße gelegen, eine abgebrochene Messerklinge im Kopf. Gudmund entdeckt, daß eine Klinge seines Messers fehlt. Die Hochzeit platzt, da die Braut nicht einmal die polizeiliche Untersuchung abwarten will. Helga, Magd bei Gudmunds Eltern, die den Sohn schon lange liebt, erfährt von dem Vorgang. Sie weiß, daß Gudmund unschuldig ist, denn ihr selbst ist die Klinge beim Holzspalten abgebrochen. Sie eilt zu Hildur, um die Hochzeit noch zu retten. Doch als Hildur endlich ihren Fehler einsieht, ist es für sie zu spät. Gudmund hat eine Wandlung durchgemacht, und der Vergleich, den er zwischen dem armen »Mädchen vom Moorhof« – so der Titel der Novelle der schwedischen Dichterin Selma Lagerlöf – und der reichen Erbin angestellt hat, hat ihn begreifen lassen, daß es Helga ist, die er liebt.

Als Gudmund dies sagte, fühlte Hildur, wie die Beine unter ihr zitterten, und sie setzte sich rasch nieder. Es wurde ihr ganz angst, weil Gudmund so ruhig und freundlich war, und sie begann zu verstehen, daß er ganz außerhalb ihrer Macht war. »Ich sehe schon, du kannst es nicht vergessen, Gudmund, wie ich heute vormittag gewesen bin.«

– »O doch, das kann ich dir schon verzeihen, Hildur«, sagte er in demselben ruhigen Ton. »Davon wollen wir nie mehr sprechen.«

Sie erzitterte, schlug die Augen nieder und saß da, als warte sie auf etwas. »Es ist nur ein großes Glück, Hildur«, sagte er, kam heran und ergriff ihre Hand, »daß es zwischen uns aus ist. Denn heute ist es mir klargeworden, daß ich eine andere lieb habe. Ich glaube, ich hatte sie schon lange lieb, aber ich weiß es erst seit heute.« – »Wer ist es, die du lieb hast, Gudmund?« kam es tonlos von Hildurs Lippen. – »Ach, das ist einerlei. Ich werde sie nicht heiraten, denn sie hat mich nicht lieb. Aber eine andere kann ich nicht nehmen.«

Hildur hob den Kopf. Es war nicht leicht zu sagen, was in ihr vorging. Aber sie fühlte in diesem Augenblick, daß sie, die Großbauerntochter, mit all ihrem Reiz und all ihrem Hab und Gut nichts für Gudmund bedeutete. Und sie war stolz und wollte nicht von ihm scheiden, ohne ihm zu zeigen, daß sie ihren Wert in sich hatte, abgesehen von allem Äußerlichen.

»Ich will, Gudmund, daß du mir sagst, ob es Helga vom Moorhof ist, die du gern hast.«

Gudmund stand schweigend da. »Denn wenn es Helga ist, dann weiß ich, daß sie dich lieb hat. Sie kam zu mir und lehrte mich, was ich tun sollte, damit es zwischen uns wieder gut würde. Sie wußte, daß du unschuldig bist, aber sie sagte es nicht dir, sondern ließ es mich zuerst wissen.« – Gudmund sah ihr fest in die Augen. »Findest du darin ein Zeichen, daß sie eine große Liebe für mich hat?« – »Dessen kannst du sicher sein, Gudmund. Das kann ich bezeugen. Niemand in der Welt kann dich lieber haben als sie.« Er ging hastig durch das Zimmer. Dann blieb er vor Hildur stehen. »Aber du? Warum sagst du mir das?« – »Ich will Helga an Edelmut nicht nachstehen.« – »Ach, Hildur, Hildur!« sagte er, legte ihr die Hand auf die Schulter und schüttelte sie, um seiner Rührung Luft zu machen. »Du weißt nicht, nein, du weißt nicht, wie gut ich dir in diesem Augenblick bin. Du weißt nicht, wie glücklich du mich gemacht hast –«

Helga saß am Wegrand und wartete. Sie saß da, das Kinn in die Hand gestützt, und sah zu Boden. Sie sah Gudmund und Hildur vor sich und dachte, wie glücklich sie jetzt sein müßten.

Während sie so dasaß, kam ein Knecht aus Närlunda vorüber. Als er sie sah, blieb er stehen. »Du hast doch von Gudmund gehört, Helga?« – Ja, das hatte sie. – »Die ganze Geschichte ist ja gar nicht wahr. Der richtige Täter ist schon verhaftet.« – »Ich wußte, daß es nicht wahr sein konnte«, sagte Helga.

Dann ging der Mann, aber Helga blieb am Wegrand sitzen wie zuvor. Ja so, drüben wußten sie es schon. Sie brauchte gar nicht nach Närlunda zu gehen, um es zu erzählen.

Sie fühlte sich so wunderlich ausgeschlossen. Vorhin erst war sie so eifrig gewesen. Sie hatte gar nicht an sich selbst gedacht, nur daran, daß Gudmunds und Hildurs Hochzeit zustande kommen müsse. Aber jetzt erst stand es ihr vor Augen, wie einsam sie war. Und es war schwer, für die, die man lieb hatte, nichts sein zu dürfen. Jetzt brauchte Gudmund sie nicht, und ihr eigenes Kind hat ihre Mutter zu dem ihren gemacht. Sie gönnte ihr kaum, daß sie es ansah.

Sie dachte daran, daß sie aufstehen und nach Hause gehen müsse. Aber die Hügel erschienen ihr so steil und schwer zu ersteigen. Sie wußte gar nicht, wie sie hinaufkommen solle.

Da kam ein Wagen aus Närlunda. Hildur und Gudmund saßen darin. Jetzt führen sie wohl nach Älvakra, um zu sagen, daß sie sich ausgesöhnt hätten. Und morgen fände dann die Hochzeit statt.

Als sie Helga erblickten, hielten sie an. Gudmund gab Hildur die Zügel und sprang heraus. Hildur nickte Helga zu und fuhr weiter.

Gudmund blieb auf dem Wege vor Helga stehen. »Ich bin froh, daß du hier sitzest, Helga«, sagte er. »Ich glaubte, ich müßte nach dem Moorhof hinaufgehen, um dich zu treffen.« Er sagte dies heftig, beinahe hart, und dabei hielt er ihre Hand fest umklammert, und sie sah es seinen Augen an, daß er jetzt wußte, wie es um sie stand. Jetzt konnte sie ihm nicht mehr entfliehen.

Letzte Sühne
Emanuel Geibel

Meiner Jugend Liebe du,
  Bild voll Lust und Schmerzen,
  Gehst du wieder auf in Ruh'
  Über meinem Herzen?

Ach, nicht ewig kann die Brust
  Schuld um Schuld ermessen,
  Eins nur ist mir unbewußt,
  Daß ich dich besessen.

Die mit ihrem finstern Wahn
  Mein Gemüt verschattet,
  Jeder Groll ist abgetan,
  Jeder Gram bestattet.

Lächelnd, wie ich einst dich sah,
  Da mein Herz erglühte,
  Stehst du wieder vor mir da
  In der Anmut Blüte.

Und so schließ' ich schön und hoch,
  Sonder Schuld und Fehle,
  Mit dem Blick der Liebe noch
  Dich in meine Seele.

Nie mehr will ich nun von fern
  Deinem Pfad begegnen;
  Doch als Jugendmorgenstern
  Soll dies Bild mich segnen.

Und am Ende meiner Bahn,
  Hoff' ich, soll voll Milde
  Mir der Todesengel nahn,
  Ach! in diesem Bilde.

Pawel Pawlowitsch, der ewige Gatte
Fjodor M. Dostojewski

*1869 schrieb der große russische Dichter Fjodor M. Dosto-
jewski die Erzählung »Der ewige Gatte«, die mit grausi-
gem Ernst und burlesker Komik die Geschichte eines
Gehörnten (Pawel Pawlowitsch Trusozkij) erzählt, der
noch zehn Jahre nach dem Seitensprung seiner inzwischen
verstorbenen Frau nicht vergeben und vergessen kann,
schon gar nicht, daß seine Tochter Lisa dem Verhältnis
entsproß. So sucht er den Verführer (Weltschaninow) auf,
der einst sein Freund war, um ihn zu traktieren und die
alte Wunde wieder aufzureißen. Doch die erste Begeg-
nung endet nicht mit Mord und Totschlag, sondern mit
einem russischen Männerkuß...*

»Potz Sakrament!« schrie Weltschaninow nun in sehr
ungehaltenem Ton. »Wie kann sich nur ein anständiger
Mensch mit so einfältigen Klagen und Anspielungen abgeben? Sagen Sie doch einfach, was Sie eigentlich wollen!
Handeln Sie wie ein rechtschaffener Mensch!«

»Hehe! Und wenn ich nun kein rechtschaffener
Mensch bin?«

Weltschaninow lachte nervös und sagte in gereiztem
Ton: »Früher habe ich Sie für einen *ewigen Ehemann*
gehalten, jetzt aber begreife ich, daß Sie zum Geschlecht
der Raubtiere gehören.«

»Ewiger Ehemann? Was soll das bedeuten?« fragte Pawel Pawlowitsch gespannt.

»Ein ganz bestimmter Typus von Ehemännern – doch wenn ich Ihnen das richtig erklären sollte, brauchte ich lange Zeit, und dazu verspüre ich nicht die geringste Lust. Sie fangen an, mir langweilig zu werden. Ich glaube, es ist am besten, Sie lassen mich für heute allein.«

»Und dann – Raubtiergeschlecht? Was soll das bedeuten?«

»Diesen Ausdruck meinte ich nur höhnisch.«

»Aber... ein Raubtier! Ich beschwöre Sie, Alexej Iwanowitsch, erklären Sie mir das!«

»Genug! Genug! Machen Sie, daß Sie fortkommen!« schrie Weltschaninow im höchsten Ärger.

»Nein, es ist nicht genug!« rief Pawel Pawlowitsch und sprang auf. »Selbst wenn ich Ihnen langweilig geworden bin, ist es nicht genug, denn wir müssen miteinander angestoßen und getrunken haben, bevor ich Ihnen den Gefallen tue, fortzugehen!«

»Pawel Pawlowitsch, bitte, machen Sie jetzt, daß Sie fortkommen!«

»Ich sagte es schon: erst müssen Sie mit mir trinken. Warum wollen Sie denn nicht mit mir trinken? Ich will, daß Sie es tun!« – Während er dies sagte, meckerte er nicht mehr so widerwärtig wie vorhin und machte auch keine weiteren Grimassen. Er war wie umgewandelt, so daß Weltschaninow ganz überrascht dreinschaute.

»Also vorwärts, Alexej Iwanowitsch, trinken wir! Weigern Sie sich nicht!« drängte Pawel Pawlowitsch weiter, der offenbar nicht nur des Trinkens wegen so sprach und Weltschaninow seltsam anschaute.

»Nun meinetwegen«, brummte der andere zögernd, »aber wie? Die Flasche ist fast leer.«

»Für zwei Glas reicht es schon, auch ist die Neige noch klar. Stoßen wir an! Hier, nehmen Sie Ihr Glas in die Hand!« – Und sie stießen miteinander an und tranken.

»Nun, und jetzt... jetzt? Ach!« rief Pawel Pawlowitsch und griff sich nachdenklich an die Stirn. Es schien, als ob er etwas sagen wollte, das letzte Wort vielleicht, das entscheiden sollte. Doch er fuhr nicht fort in seiner Rede, sah Weltschaninow lächelnd an und schnitt wieder wie vorher eine Grimasse.

Jetzt aber geriet Weltschaninow ernstlich in Wut und schrie: »Was wollen Sie eigentlich von mir, Sie betrunkener Mensch? Wollen Sie mich zum Narren halten?«

»Warum schreien Sie denn so? Seien Sie doch still!« rief Pawel Pawlowitsch schnell und hob die Hand beschwichtigend empor, »ich habe gar nicht im Sinn, Sie zum Narren zu halten. Wie könnte ich dies tun, da Sie mir so teuer sind?« Und mit raschem Entschluß ergriff er Weltschaninows Hand und küßte sie, noch bevor dieser recht wußte, wie ihm geschah.

»So, jetzt wissen Sie es, wie ich Sie verehre, und nun will ich machen, daß ich hinauskomme.«

Da faßte sich Weltschaninow und rief: »Warten Sie noch einen Moment! Ich habe vergessen, Ihnen mitzuteilen...«

Pawel Pawlowitsch, der schon an der Tür stand, drehte sich um. Hastig und etwas verwirrt murmelte Weltschaninow: »Es ist notwendig, daß Sie morgen Pogorelzew aufsuchen, sich persönlich vorstellen und ihm Ihren Dank aussprechen.«

»Selbstverständlich!« fiel Trusozkij bereitwillig ein.

»Auch Lisa wartet auf Sie. Ich versprach ihr...«

»Lisa?« meinte Pawel Pawlowitsch und kehrte schnell wieder in die Stube zurück. »Lisa? Wissen Sie, was mir Lisa bis jetzt war und was sie mir noch ist?« fuhr er wie außer sich fort. »Doch darüber können wir später sprechen. Jetzt aber habe ich noch eine Bitte, Alexej Iwanowitsch. Es genügt nicht, daß wir zusammen getrunken haben.« Er atmete tief auf und legte seinen Hut auf einen Stuhl. Dann sah er Weltschaninow an und sagte: »Küssen Sie mich!«

Weltschaninow trat betroffen einen Schritt zurück und rief aus: »Sie sind betrunken!«

»Ja, ich bin betrunken. Doch lassen Sie sich das nicht weiter anfechten und küssen Sie mich! Genieren Sie sich nicht! Auch ich küßte Ihnen ja soeben die Hand.«

Alexej Iwanowitsch blieb zunächst stumm, denn er fühlte sich wie vor den Kopf geschlagen. Dann aber beugte er sich schnell zu dem bedeutend kleineren Pawel

Pawlowitsch hernieder und drückte einen Kuß auf seine nach Wein duftenden Lippen; übrigens war er nicht ganz sicher, ob er ihn wirklich geküßt hatte.

Pawel Pawlowitsch aber rief mit funkelnden Augen und im äußersten Entzücken: »So, und jetzt... jetzt will ich Ihnen noch verraten, daß ich damals dachte: Sollte auch dieser, dieser? ....Wem auf der Welt darf man noch trauen?«

Und Pawel Pawlowitsch fing an zu weinen.

»Nun wissen Sie es«, fügte er hinzu, »wie hoch ich Sie als Freund schätze.«

Schnell eilte er aus dem Zimmer, während Weltschaninow einige Augenblicke ebenso unbeweglich stehen blieb wie nach dem ersten Besuch Pawel Pawlowitschs. Dann murmelte er geringschätzig: »Ein betrunkener Narr, weiter nichts!« Als er bereits ausgekleidet im Bett lag, sagte er noch einmal energisch: »Wirklich, weiter nichts!«

Hahnenkampf
Wilhelm Busch

Ach, wie vieles muß man rügen,
Weil es sündlich und gemein,
So, zum Beispiel, das Vergnügen,
Zuzusehn bei Prügelein.

Noch vor kurzem hab' ich selber
Mir zwei Gockel angesehn,
Hier ein schwarzer, da ein gelber,
Die nicht gut zusammen stehn.

Plötzlich kam es zum Skandale,
Denn der schwarze macht die Kur,
Was dem gelben alle Male
Peinlich durch die Seele fuhr.

Mit den Krallen, mit den Sporen,
Mit dem Schnabel, scharf gewetzt,
Mit den Flügeln um die Ohren
Hat es Hieb auf Hieb gesetzt.

Manche Feder aus dem Leder
Reißen und zerschleißen sie,
Und zum Schlusse ruft ein jeder
Triumphierend: »Kickriki!«

Voller Freude und mit wahrem
Eifer sah ich diesen Zwist,

Während jedes Huhn im Harem
Höchst gelassen weiterfrißt.

Solch ein Weibervolk mit Flügeln
Meint, wenn Gockel früh und spät
Seinetwegen sich verprügeln,
Daß sich das von selbst versteht.

Müller und Schornsteinfeger
Drama in 5 Akten
Wilhelm Busch

Personen:

Hans, Müller und Geliebter der Nanni und Fanny
Franz, Kaminkehrer, ebenfalls Geliebter der Fanny und
Nanni
Nanni, Köchin und Geliebte des Hans und Franz
Fanny, Stubenmädel, Geliebte des Franz und Hans
Ort der Handlung im 1., 2., 3. und 5. Akte in der Küche,
im 4. auf dem Dache

Erster Akt

Schau, schau! Der Müller, dick und rund,
Küßt Jungfer Nanni auf den Mund.

Und bald nach diesem – ei, ei, ei! –
Schwört er der Fanny ew'ge Treu!

Der Schornsteinfeger, gleich danach,
Klagt dieser auch sein Liebesach;

Doch ungeachtet solcher Schmerzen
Küßt er die Nanni recht von Herzen.

Zweiter Akt

Nun sehen Nann- und Fanny beid'
Die Spuren dieser Zärtlichkeit.

Sogleich gießt Nanni aus dem Topf
Das Wasser über Fannys Kopf,

Worauf dieselbe, sehr empört,
Die Nanni mit dem Besen kehrt.

Dritter Akt

Der Schornsteinfeger folgt derweile
Dem Müller nach in Zorn und Eile.

Der will im Kasten sich verstecken
Und kann sich doch nicht ganz bedecken.

Die Ofengabel faßt er kühn,
Der Schwarze hüpft in den Kamin.

Vierter Akt

Schon klettert auf des Daches Giebel
Der Müller mit dem Wasserkübel,

Da langt in Eile und in Not
Der Schornsteinfeger aus dem Schlot.

Fünfter Akt

Schnurr! sausen beide nun herunter,
Die Mädchen lachen froh und munter.

Nun setzt sich auf die Kiste gar
Das schadenfrohe Mädchenpaar.

Indes, man lache nicht zu früh!
Denn – schlapp! – hier unten liegen sie.

Man sieht, daß es Spektakel gibt,
Wenn man sich durcheinanderliebt.

Zum Schluß ist Zank und Streit vorbei:
Sie lieben sich zu zwei und zwei.

Fernando und seine großherzigen Frauen
Johann Wolfgang von Goethe

*»Ein Schauspiel für Liebende« nannte Goethe sein 1776
uraufgeführtes Drama »Stella«. Die klassische Dreiecks-
geschichte spielt in einer Poststation, wo sich die Wege
zweier Frauen kreuzen, die schnell Zuneigung fassen und
sich ihre Herzen ausschütten: Die eine, Cäcilie, ist seit
Jahren von ihrem Gatten, die andere, Stella, von ihrem
Geliebten verlassen. Als sie eben erkennen, daß von ein
und demselben Manne die Rede ist, betritt auch er die
Szene. Das unverhoffte Wiedersehen mit der Frau und
der Geliebten stürzt Fernando in einen tiefen Gefühls-
konflikt, den Cäcilie, die reifere der Frauen, dadurch zu
lösen versucht, daß sie eine neidlose Doppelehe vor-
schlägt, getragen von gegenseitiger Liebe und Freundschaft, die nur »eine Wohnung, ein Bett und ein Grab«
kennt. Zuvor bedeutet sie ihrem Gatten, daß sie ihm von
ganzem Herzen verziehen hat. In der betreffenden Szene
ist sich Fernando noch gar nicht sicher, ob ihn Cäcilie
überhaupt schon erkannte...*

FERNANDO *vor sich:* Sollte sie mich kennen? – *Laut:* Ich
    bitte Sie, Madame, ich beschwöre Sie, eröffnen Sie mir
    Ihr Herz!
MADAME SOMMER: Ich müßte Ihnen mein Schicksal er-
    zählen; und wie sollten Sie zu Klagen und Trauer

gestimmt sein, an einem Tage, da Ihnen alle Freuden des Lebens wiedergegeben sind, da Sie alle Freuden des Lebens der würdigsten weiblichen Seele wiedergegeben haben! Nein, mein Herr! entlassen Sie mich!

FERNANDO: Ich bitte Sie.

MADAME SOMMER: Wie gern erspart ich's Ihnen und mir! Die Erinnerung der ersten glücklichen Tage meines Lebens macht mir tödliche Schmerzen.

FERNANDO: Sie sind nicht immer unglücklich gewesen?

MADAME SOMMER: Sonst würd ich's jetzt in dem Grade nicht sein. *Nach einer Pause mit erleichterter Brust:* Die Tage meiner Jugend waren leicht und froh. Ich weiß nicht, was die Männer an mich fesselte; eine große Anzahl wünschte mir gefällig zu sein. Für wenige fühlte ich Freundschaft, Neigung; doch keiner war, mit dem ich geglaubt hätte, mein Leben zubringen zu können. Und so vergingen die glücklichen Tage der rosenfarbenen Zerstreuungen, wo so ein Tag dem andern freundlich die Hand bietet. Und doch fehlte mir etwas. – Wenn ich tiefer ins Leben sah und Freud und Leid ahnete, die des Menschen warten, da wünscht ich mir einen Gatten, dessen Hand mich durch die Welt begleitete, der für die Liebe, die ihm mein jugendliches Herz weihen konnte, im Alter mein Freund, mein Beschützer mir statt meiner Eltern geworden wäre, die ich um seinetwillen verließ.

FERNANDO: Und nun?

MADAME SOMMER: Ach, ich sah den Mann! Ich sah ihn, auf den ich in den ersten Tagen unsrer Bekanntschaft all meine Hoffnungen niederlegte! Die Lebhaftigkeit seines Geistes schien mit solch einer Treue des Herzens verbunden zu sein, daß sich ihm das meinige gar bald öffnete, daß ich ihm meine Freundschaft und ach, wie schnell darauf, meine Liebe gab. Gott im Himmel, wenn sein Haupt an meinem Busen ruhte, wie schien er dir für die Stätte zu danken, die du ihm in meinen Armen bereitet hattest! Wie floh er aus dem Wirbel der Geschäfte wieder zu mir, und wie unterstützt ich mich in trüben Stunden an seiner Brust!

FERNANDO Was konnte diese liebe Verbindung stören?

MADAME SOMMER: Nichts ist bleibend. – Ach, er liebte mich! liebte mich so gewiß als ich ihn. Es war eine Zeit, da er nichts kannte, nichts wußte, als mich glücklich zu sehen, mich glücklich zu machen. Es war, ach! die leichteste Zeit des Lebens, die ersten Jahre einer Verbindung, wo manchmal mehr ein bißchen Unmut, ein bißchen Langeweile uns peinigen, als daß es wirklich Übel wären. Ach, er begleitete mich den leidlichen Weg, um mich in einer öden, fürchterlichen Wüste allein zu lassen.

FERNANDO *immer verwirrter:* Und wie? Seine Gesinnungen, sein Herz?

MADAME SOMMER: Können wir wissen, was in dem Busen der Männer schlägt? – Ich merkte nicht, daß ihm nach und nach das alles ward – wie soll ich's nennen? – nicht gleichgültiger! das darf ich mir nicht sagen. Er liebte mich immer, immer! Aber er brauchte mehr als meine Liebe. Ich hatte mit seinen Wünschen zu teilen, vielleicht mit einer Nebenbuhlerin; ich verbarg ihm meine Vorwürfe nicht, und zuletzt –

FERNANDO: Er konnte? –

MADAME SOMMER: Er verließ mich. Das Gefühl meines Elends hat keinen Namen! All meine Hoffnungen in dem Augenblick zugrunde! in dem Augenblick, da ich die Früchte der aufgeopferten Blüte einzuernten gedachte – verlassen! – verlassen! – Alle Stützen des menschlichen Herzens: Liebe, Zutrauen, Ehre, Stand, täglich wachsendes Vermögen, Aussicht über eine zahlreiche wohlversorgte Nachkommenschaft, alles stürzte vor mir zusammen, und ich – und das überbliebene unglückliche Pfand unsrer Liebe – Ein toter Kummer folgte auf die wütenden Schmerzen, und das ausgeweinte, durchverzweifelte Herz sank in Ermattung hin. Die Unglücksfälle, die das Vermögen einer armen Verlassenen ergriffen, achtete ich nicht, fühlte ich nicht, bis zuletzt –

FERNANDO: Der Schuldige!

MADAME SOMMER *mit zurückgehaltener Wehmut:* Er ist's nicht! – Ich bedaure den Mann, der sich an ein Mädchen hängt.

FERNANDO: Madame!

MADAME SOMMER *gelinde spottend, ihre Rührung zu verbergen:* Nein, gewiß! Ich seh ihn als einen Gefangenen an. Sie sagen ja auch immer, es sei so. Er wird aus seiner Welt in die unsere herübergezogen, mit der er im Grunde nichts gemein hat. Er betrügt sich eine Zeitlang, und weh uns, wenn ihm die Augen aufgehn! – Ich nun gar konnte ihm zuletzt nichts sein als eine redliche Hausfrau, die zwar mit dem festesten Bestreben an ihm hing, ihm gefällig, für ihn sorgsam zu sein; die dem Wohl ihres Hauses, ihres Kindes all ihre Tage widmete und sich mit soviel Kleinigkeiten abgeben mußte, daß ihr Herz und Kopf oft wüste ward, daß sie keine unterhaltende Gesellschafterin war, daß er mit der Lebhaftigkeit seines Geistes meinen Umgang notwendig schal finden mußte. Er ist nicht schuldig!

FERNANDO *zu ihren Füßen:* Ich bin's!

MADAME SOMMER *mit einem Strom von Tränen an seinem Hals:* Mein!

FERNANDO: Cäcilie! – mein Weib! –

CÄCILIE *von ihm sich abwendend:* Nicht mein – du verlässest mich, mein Herz! – *Wieder an seinem Hals:* Fernando! – wer du auch seist – laß diese Tränen einer Elenden an deinem Busen fließen – Halte mich diesen Augenblick aufrecht, und dann verlaß mich auf ewig! –

FERNANDO: Gott! – Cäcilie, deine Tränen an meinen Wangen – das Zittern deines Herzens an dem meinigen! – Schone mich! schone mich! –

CÄCILIE: Ich will nichts, Fernando! – Nur diesen Augenblick! – Gönne meinem Herzen diese Ergießung, es wird frei werden, stark! Du sollst mich loswerden –

FERNANDO *sie bei der Hand fassend, ansehend, sie umarmend:* Nichts, nichts in der Welt soll mich von dir trennen. Ich habe dich wiedergefunden.

CÄCILIE: Gefunden, was du nicht suchtest!

FERNANDO: Laß! laß! – Ja, ich habe dich gesucht; dich, meine Verlassene, meine Teure! Ich fand sogar in den Armen des Engels hier keine Ruhe, keine Freuden; alles erinnerte mich an dich, an deine Tochter, an meine Lucie. Gütiger Himmel! wieviel Freude! – Sollte das liebenswürdige Geschöpf meine Tochter sein? – – Deine Entweichung zerriß mir das Herz; ich konnte keine Spur von dir finden, und meiner selbst und des Lebens überdrüssig, steckt ich mich in diese Kleider, in fremde Dienste, half die sterbende Freiheit der edeln Korsen unterdrücken; und nun siehst du mich hier, nach einer langen und wunderbaren Verirrung, wieder an deinem Busen, mein teuerstes, mein bestes Weib!

Abbitte
Friedrich Hölderlin

Heilig Wesen! gestört hab ich die goldene
   Götterruhe dir oft, und der geheimeren,
      Tiefern Schmerzen des Lebens
         Hast du manche gelernt von mir.

O vergiß es, vergib! gleich dem Gewölke dort
   Vor dem friedlichen Mond, geh ich dahin, und du
      Ruhst und glänzest in deiner
         Schöne wieder, du süßes Licht!

4. O Freunde, nicht diese Töne!
Wiedervereint sind Freund und Feind

Eine Versöhnung ist keine, die das Herz nicht ganz befreit. Ein Tropfen Haß, der in dem Freudebecher zurückebleibt, macht den Segenstrank zum Gift.

Friedrich Schiller

Mißverstand
Johann Peter Hebel

Von drei Schlafkameraden war der eine eben am süßen Einschlummern, als der zweite zum dritten sprach: »Joachim, was soll das heißen, daß du seit am Montag nichts mehr mit mir redest, so wir doch unser Lebenlang gute Freunde gewesen sind? Hast du etwas gegen mich, so sag's.« – der dritte erwiderte dem zweiten: »Wer mit mir nicht redet, mit dem rede ich auch nicht, mein guter Bartenstein. Wie man in den Wald schreit, so schreit's wider.« Darauf sagte der zweite: »So, du nennst mich mit meinem Zunamen? Ich kann dich auch mit deinem Zunamen nennen, mein guter Marbacher. Wie man in den Wald schreit, so schreit's auch wider.« Der dritte sagte wieder zum zweiten: »So war's nicht gemeint, Bastian. Übrigens halte ich den Geschlechtsnamen meines seligen Vaters für keinen Schimpf. Ich hoffe, er hat dich als ein ehrlicher Mann zur Taufe gehoben.« Darauf entgegnete der zweite: »Ich den meinigen auch nicht. Ich hoffe, deine Mutter hat einen ehrlichen Mann zum Beistand. Aber man erkennt etwas daran.« Der dritte sagte: »Dein Vater ist ein braver Mann, der meiner Mutter mit gutem Rat redlich an die Hand geht.« Der zweite sagte: »Dein Vater war auch ein braver Mann und hat mir viel Gutes erwiesen. Aber sie redeten miteinander.« Der dritte fuhr gegen den zweiten fort: »Eben darum. An einem andern hätt' es mich nicht verdrossen, daß du mir den Montag keine Antwort gabst, als ich dich zum zweitenmal fragte, warum dich dein Meister fortgejagt hat.«

Als endlich der erste des Zwistes müde war, weil er gern hätte schlafen mögen und nicht dazu kommen konnte, fuhr er unwillig auf und sagte: »Hat jetzt euer Disputat bald ein Ende, oder soll ich aufstehen und den Wirt holen, daß er Frieden schaffe, oder soll ich's selber tun?« Dem erwiderte der dritte, weil er am Wort war: »Seid doch nicht wunderlich, Herr Landsmann, Ihr hört ja, wir explizieren uns nur, warum keiner von uns mit dem andern redet.«

Wenn alles sitzenbliebe
Wilhelm Busch

Wenn alles sitzenbliebe,
Was wir in Haß und Liebe
So voneinander schwatzen;
Wenn Lügen Haare wären,
Wir wären rauh wie Bären
Und hätten keine Glatzen.

Die Prozession
Giovanni Guareschi

Jedes Jahr im Frühling trug man in der Prozession den gekreuzigten Christus vom Hauptaltar, und der Umzug ging bis zum großen Damm, wo die Segnung der Gewässer stattfand, damit der Fluß keine Dummheiten anstelle und sich anständig benehme.

Auch diesmal schien alles in Ordnung zu gehen, und Don Camillo dachte gerade an die letzten Einzelheiten der Veranstaltung, als plötzlich im Pfarrhaus Brusco erschien.

»Der Sektionssekretär«, sagte Brusco, »schickt mich, um Ihnen mitzuteilen, daß an der Prozession die gesamte Sektion mit Fahne teilnehmen wird.«

»Ich danke dem Sekretär Peppone«, antwortete Don Camillo. »Ich werde mich freuen, wenn alle Männer der Sektion anwesend sein werden. Es ist jedoch notwendig, mir die Liebenswürdigkeit zu erweisen und die Fahne zu Hause zu lassen. Politische Fahnen dürfen bei religiösen Umzügen nicht erscheinen. Das sind Befehle, die ich erhalten habe.«

Brusco ging, und ein wenig später kam Peppone, rot im Gesicht und mit Augen, die aus den Höhlen springen wollten. »Wir sind Christen wie alle anderen!« schrie Peppone, indem er das Pfarrhaus betrat, ohne anzuklopfen. »Worin sind denn wir anders als alle anderen?«

»Darin, daß ihr in des anderen Haus kommt, ohne den Hut abzunehmen«, antwortete Don Camillo.

Wütend nahm Peppone den Hut ab.

»Jetzt bist du allen anderen Christen gleich«, sagte Don Camillo.

»Warum können wir nicht mit unserer Fahne an der Prozession teilnehmen?« schrie Peppone. »Was stimmt mit unserer Fahne nicht? Ist es vielleicht eine Fahne der Diebe und Mörder?«

»Nein, Genosse Peppone«, erklärte Don Camillo, indem er eine Zigarre anzündete. »Es ist eine Parteifahne. Das geht nicht. Hier handelt es sich um Religion, nicht um Politik.«

»Dann müssen auch die Fahnen der Katholischen Aktion wegbleiben!«

»Warum denn? Die Katholische Aktion ist keine politische Partei, so sehr es richtig ist, daß ich persönlich ihr Sekretär bin. Ich kann sogar dir und deinen Genossen raten, euch bei uns einschreiben zu lassen.«

Peppone grinste.

»Wenn Sie ihre schwarze Seele retten wollen, dann müssen Sie sich bei unserer Partei einschreiben lassen!«

Don Camillo breitete die Arme aus.

»Machen wir es so«, erwiderte er lächelnd, »jeder bleibt, wo er ist, und des anderen Freund wie früher.«

»Ich und Sie, wir waren niemals Freunde«, behauptete Peppone.

»Auch nicht, als wir zusammen im Gebirge waren?«

»Nein! Das war nur ein einfaches strategisches Bündnis. Um des Sieges willen kann man sich auch mit den Pfaffen verbünden.«

»Schon gut«, sagte ruhig Don Camillo. »Wenn ihr aber zur Prozession kommen wollt, dann laßt die Fahne zu Hause.«

Peppone preßte die Zähne aufeinander.

»Wenn Sie glauben, hier den Duce spielen zu können, dann irren Sie, Hochwürden!« rief Peppone aus. »Entweder mit unserer Fahne oder überhaupt keine Prozession.«

Don Camillo ließ sich nicht beeindrucken. »Es wird ihm schon vergehen«, sagte er zu sich selbst. Und tatsächlich, in den drei letzten Tagen vor dem Sonntag hörte man nichts mehr von dieser Angelegenheit. Sonntag aber, eine Stunde vor der Messe, kamen erschrockene Leute ins Pfarrhaus. An diesem Morgen waren Peppones Leute in allen Häusern erschienen, um alle davor zu warnen, zur Prozession zu gehen, weil das hieße, sie gingen ins eigene Verderben.

»Mir haben sie es nicht gesagt«, erwiderte Don Camillo.

»Infolgedessen geht mich das nichts an.«

Die Prozession sollte nach der Messe stattfinden. Während Don Camillo in der Sakristei war und die Gewänder anlegte, kam eine Gruppe von Leuten zu ihm.

»Was sollen wir tun?« fragten sie ihn.

»Die Prozession wird abgehalten«, erwiderte ruhig Don Camillo.

»Die sind aber imstande, Bomben auf den Umzug zu werfen!« hielt man ihm entgegen. »Sie können die Gläubigen nicht dieser Gefahr aussetzen. Unserer Meinung nach müßte man die Prozession aufschieben, die öffentlichen Sicherheitsorgane in der Stadt verständigen und dann erst die Prozession abhalten, wenn genug Karabinieri aus der Stadt kommen, um die Sicherheit der Leute garantieren zu können.«

»Richtig«, bemerkte Don Camillo. »Inzwischen könnte man es den Märtyrern der Religion weismachen, daß sie sehr schlecht getan haben, indem sie sich so benahmen, wie sie sich benommen haben, und daß sie – anstatt den christlichen Glauben zu predigen, als er noch verboten war – hätten warten sollen, bis die Karabinieri kommen.«

Daraufhin zeigte Don Camillo den Anwesenden, wo sich die Türe befindet, und diese gingen brummend von dannen. Dann betrat eine Gruppe von alten Leuten die Kirche.

»Wir gehen, Don Camillo«, sagten sie.

»Ihr geht sofort nach Hause!« antwortete Don Camillo. »Gott wird euren Willen als Werk anrechnen. Das ist aber jetzt gerade ein solcher Fall, wo alte Leute, Frauen und Kinder nichts zu suchen haben.«

Ein Häuflein Menschen war vor der Kirche geblieben, als sie aber vom Ort her Schüsse hörten (es war nur Brusco, der zur Demonstration seine Maschinenpistole gurgeln ließ und in die Luft schoß), zerstreuten sich auch diese, und als Don Camillo im Kirchentor erschien, fand er den Platz leer und rein wie einen Billardtisch vor.

»Gehen wir also, Don Camillo?« fragte in diesem Augenblick Christus vom Hauptaltar. »Der Strom muß jetzt herrlich sein in dieser prallen Sonne. Ich möchte ihn wirklich gerne sehen.«

»Jawohl, wir gehen«, antwortete Don Camillo. »Erwäge aber, daß diesmal wahrscheinlich nur ich an der Prozession teilnehmen werde. Wenn Du Dich damit zufrieden gibst...«

»Don Camillo allein ist fast schon zuviel«, sagte lächelnd Christus.

Don Camillo warf rasch den Lederriemen mit der Stütze für das Kreuz um, holte das riesige Kruzifix vom Altar, steckte es in den Köcher ein und seufzte schließlich:

»Dieses Kreuz, man hätte es auch eine Kleinigkeit leichter machen können.«

»Mir sagst du das«, antwortete lächelnd Christus, »der ich es tragen mußte und nicht solche Schultern hatte wie du.«

Wenige Minuten später trat Don Camillo feierlich durch das Kirchentor hinaus, das riesige Kreuz tragend.

Der Ort war leer. Die Leute blieben aus Angst in ihren Häusern verkrochen und spähten nur durch die Jalousienspalten. »Das erinnert an jene Mönche, die allein mit einem schwarzen Kreuz herumliefen in den Straßen der durch Pest ausgestorbenen Städte«, bemerkte Don Camillo für sich selbst. Dann fing er an, mit seiner prächtigen Baritonstimme Psalmen zu singen, und die Stimme wuchs in dieser Stille ins Riesenhafte.

Er überquerte den Platz und ging weiter mitten durch die Hauptstraße, und hier war auch alles nur Stille und Wüste. Ein kleiner Hund kam aus einer Seitengasse und lief schön brav hinter Don Camillo her.

»Weg von hier!« brummte Don Camillo.

»Laß ihn«, flüsterte aus der Höhe Christus. »So wird Peppone nicht sagen können, daß nicht einmal ein Hund an der Prozession teilgenommen habe.«

Die Straße machte eine Biegung, dann waren die Häuser zu Ende und noch weiter zweigte ein Weg ab, der zum Damm führte. Bei der Biegung angelangt, fand Don Camillo plötzlich die Straße versperrt vor.

Zweihundert Männer hatten die Straße in ihrer ganzen Breite blockiert und standen jetzt da, schweigend, mit gespreizten Beinen und verschränkten Armen, allen voran Peppone, die Hände in die Hüften gestützt.

Don Camillo wäre gerne ein Panzerwagen gewesen. Er konnte aber nichts anderes als Don Camillo sein, und als er nur noch einen Meter von Peppone entfernt war, blieb er stehen. Dann nahm er das riesige Kruzifix aus dem Lederköcher und hob es über seinen Kopf wie eine Keule.

»Jesus«, sagte Don Camillo, »halte Dich fest, weil ich zuschlage!«

Es war aber nicht nötig, weil die Leute plötzlich die Lage verstanden und zu den Gehsteigen rückten, so daß sich in der Menge wie durch ein Wunder eine Straße öffnete.

Mitten auf der Straße blieb nur Peppone, die Hände in den Hüften, die Beine weit gespreizt. Don Camillo steckte das Kruzifix wieder in den Riemen ein und ging schnurgerade auf Peppone zu.

Und Peppone wich aus.

»Nicht Ihretwegen, Seinetwegen rühre ich mich von diesem Fleck«, sagte Peppone, auf das Kruzifix zeigend.

»Nimm den Hut vom Hohlkopf ab«, antwortete Don Camillo, ohne ihn eines Blickes zu würdigen.

Peppone nahm den Hut ab, und Don Camillo ging feierlich durch Peppones Leute.

Als er auf den Damm gelangte, blieb er stehen.

»Jesus«, sagte laut Camillo, »wenn in diesem Drecksnest die Häuser der wenigen anständigen Leute schwimmen könnten wie die Arche Noahs, würde ich zu Dir beten, ein solches Hochwasser kommen zu lassen, daß es den Damm zerstört und den ganzen Ort überschwemmt. Da aber die wenigen anständigen Leut ein genau solchen

Häusern leben wie alle diese Schädlinge und weil es nicht gerecht wäre, daß die Guten wegen der Sünden der Bösen von der Art des Bürgermeisters Peppone und seiner ganzen Horde von gottlosen Räubern leiden, bete ich zu Dir, daß Du den Ort vor den Gewässern retten und ihm Glück und Segen erteilen mögest.«

»Amen«, erwiderten im Chor, hinter dem Rücken Don Camillos, Peppones Leute, die dem Kruzifix gefolgt waren.

Don Camillo machte sich auf den Rückweg, und als er zur Kirche kam und sich umdrehte, so daß Christus dem in der Ferne liegenden Strom seinen letzten Segen erteilen könne, erblickte er vor sich den kleinen Hund, Peppone, Peppones Leute und alle Einwohner des Ortes. Den Apotheker mit einbegriffen, der Atheist war, der aber dachte, daß er, potztausend, niemals einen solchen Priester gesehen habe wie Don Camillo, der es sogar verstand, selbst Gottvater sympathisch zu machen.

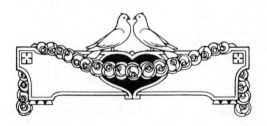

Es ist mal so
Wilhelm Busch

Zwar mit seinem losen Mund
Neigt er zum Krakeele.
Dabei ist er doch im Grund
Eine treue Seele.

Die er seine Freunde nennt,
Dulden seine Witze,
Denn ein jeder, der ihn kennt,
Kennt auch seine Mütze.

Geschichte des Königs Bihkerd
Ein »Märchen aus Tausendundeine Nacht«

Es war einmal ein König, mit Namen Bihkerd, der viel
Geld und viele Truppen hatte, aber mit Grausamkeit das
kleinste Vergehen bestrafte und niemals verzieh. Einst
ging er auf die Jagd und ward von dem Pfeil eines seiner
Jungen am Ohr verletzt. Der König fragte sogleich:
»Wer hat diesen Pfeil geschleudert?« Man brachte den
Jungen, welcher Jatru hieß, herbei, und der König gab
den Befehl, ihn zu töten. Jatru fiel vor dem König nieder
und sagte: »Erlasse mir, o König, die Strafe für eine nicht
geflissentlich begangene Schuld. Nachsicht ist die schön-

ste Tugend, Großmut kann den Menschen später selbst zu gut kommen und wird ihm gewiß bei Gott als ein reicher Schatz aufbewahrt; darum tu mir nichts zuleid, Gott wird auch jedes Übel von dir abwenden.« Dem König gefielen diese Worte so sehr, daß er zum erstenmale in seinem Leben verzieh. Er hatte es aber auch nicht

zu bereuen, denn Jatru war ein Prinz, der eines Vergehens willen vom Hause entflohen war und bei dem König Bihkerd Dienst genommen hatte. Bald nach diesem Ereignis wurde er von jemandem erkannt, der seinem Vater Nachricht von ihm gab. Dieser schrieb seinem Sohne einen Brief, in welchem er ihm das Herz leicht machte und ihn zurückzukommen bat. Der Prinz kehrte zu seinem Vater zurück, der ihm freudig entgegenkam und ihn wieder wie zuvor väterlich liebte.

Um diese Zeit setzte sich einmal der König Bihkerd in einen Nachen, um zu fischen; da kam ein Sturm und warf den Nachen um und trieb den König, der sich noch an einem Brette festhielt, an das jenseitige Meeresufer in das Land, wo Jatrus Vater König war. Gegen Abend erreichte er die Tore der Hauptstadt und brachte, da sie schon geschlossen waren, die Nacht auf einem Grabmale zu. Als des Morgens die Leute in die Stadt gingen, sahen sie einen Ermordeten in der Nähe des Grabmals liegen, der in der Nacht erschlagen worden war, und da sie Bihkerd für den Mörder hielten, ergriffen sie ihn und klagten ihn beim König an, worauf ihn der König einsperren ließ. Als Bihkerd im Gefängnisse war, dachte er: das alles widerfährt mir wegen meiner vielen Verbrechen; ich habe viele Leute ungerechterweise töten lassen, nun erhalte ich aber meinen Lohn dafür. Während er aber in solchen Gedanken versunken war, kam ein Vogel und setzte sich auf die Seitenwand des Gefängnisses. Bihkerd, aus großer Leidenschaft für die Jagd, nahm einen Stein und schleuderte ihn nach dem Vogel. Aber der Stein traf den Prinzen, der im Hofe vor dem Gefängnisse Ball spielte, und riß ihm das Ohr ab. Sobald man sah, wo der Stein hergekommen war, ergriff man Bihkerd und führte ihn vor den Prinzen.

Bihkerd sollte auf Befehl des Prinzen hingerichtet werden; man warf ihm schon den Turban vom Haupte und wollte ihm die Augen zubinden, da sah der Prinz, daß er nur ein Ohr hatte, und sagte zu ihm: »Wärest du nicht ein schlechter Mensch, so hätte man dir nicht dein Ohr abgeschnitten.« Bihkerd erwiderte: »Bei Gott, mein Ohr

ist mir auf der Jagd abgeschossen worden, und ich habe dem verziehen, der seinen Pfeil gegen mich geschleudert hat.« Der Prinz sah ihm hierauf ins Gesicht, erkannte ihn und schrie: »Du bist der König Bihkerd, wie bist du hierher gekommen?« Bihkerd erzählte ihm seine Geschichte, die alle Anwesenden in Erstaunen setzte. Der

Prinz küßte und umarmte ihn dann, ließ ihn sitzen und sagte zu seinem Vater: »Das ist der König, der mir verziehen, als ich ihm sein Ohr abgeschossen, darum will ich jetzt auch ihm verzeihen.« Dann sagte er zu Bihkerd: »Siehst du, wie deine Großmut dir zuletzt zu gut kam?« Jatru schenkte ihm dann Geld und Kleider und ließ ihn wieder in seine Heimat zurückbringen. »Wisse, o König«, sagte der Jüngling, »daß nichts schöner ist als Vergebung, die Gnade, die du erteilst, häuft sich für dich zu einem kostbaren Schatz auf.«

Die Freundschaft
Christian Fürchtegott Gellert

Sei ohne Freund; wieviel verliert dein Leben!
Wer wird dir Trost und Mut im Unglück geben
Und dich vertraut im Glück erfreun?
Wer wird mit dir dein Glück und Unglück teilen,
Dir, wenn du rufst, mit Rat entgegeneilen
Und, wenn du fehlst, dein Warner sein?

Dein Freund, ein Mensch, wird seine Fehler haben;
Du duldest sie bei seinen größern Gaben
Und milderst sie mit sanfter Hand.
Sein gutes Herz bedient sich gleicher Rechte,
Begeistert deins, wenn's minder rühmlich dächte,
Und sein Verstand wird dein Verstand.

Sollt' je ein Zwist der Freundschaft Ruhe kränken,
Sollt' übereilt ich ihr zum Nachteil denken
Und meinem Freund ein Anstoß sein,
So eil' ich schon, den Fehler zu gestehen.
War's klein von mir, ihn hitzig zu begehen,
So ist es groß, ihn zu bereun.

Mensch, lerne doch dein Leben dir versüßen
Und laß dein Herz von Freundschaft überfließen,
Der süßen Quelle für den Geist!
Sie quillt nicht bloß für diese kurzen Zeiten;
Sie wird ein Bach, der sich in Ewigkeiten
Erquickend durch die Seel' ergeußt.

Wettstreit der Großmut
Werner Bergengruen

Eine Erbfeindschaft zwischen Familien kennen wir
Heutigen nicht mehr. Es mag einer noch so große Stücke
auf seine Vorfahren halten, er wird keinen Zorn auf die
Nachkommen des Mannes haben, der seinem Urgroßva-
ter übel begegnete. In früheren Jahrhunderten, als,
möchte man sagen, die Geschlechterkette noch dichter

geflochten war, hat es Feindschaften gegeben, die mehrere Menschenalter überdauerten, bis der Gedanke der Erbfeindschaft von den Familien auf die Nationen überging; für die Welt war der frühere Zustand der bekömmlichere.

In Siena gab es eine überlieferte blutige Feindschaft zwischen den Geschlechtern Salimbeni und Montanini. Wie es heißt, hatte sich bei einer Wildschweinjagd in den Maremmen ein Streit darüber erhoben, von wessen Hand ein wütender alter Keiler zur Strecke gebracht worden sei.

Im Laufe der Jahrzehnte unterlagen die Montanini, denn die Macht in der Stadt war den Salimbeni zugefallen, und in allen Ämtern saßen ihre Anhänger. In einigen Streitigkeiten mit anderen Staatsgebilden wurden die Montanini des Verrats bezichtigt und demgemäß gestraft. Die ehedem groß gewesene Familie verlor Liegenschaften, Ansehen, Einfluß. Von da an achteten die Salimbeni nicht mehr auf sie. Endlich bestand das Geschlecht der Montanini nur noch aus einem Geschwisterpaar, Carlo und Angelica, und von dem reichen Besitz hatte sich nichts erhalten als ein ärmliches Landgut vor dem Römischen Tore.

Auch dieses sollte ihnen nicht gegönnt bleiben. Ihr Nachbar Agolanti, ein Parteigänger der Salimbeni, wünschte mit seinem Erwerb den eigenen Grund abzurunden. Carlo lehnte den Verkauf ab. Agolanti, der sich seinen Schutzherrn durch Feindseligkeit gegen die Geschwister zu empfehlen und gleichzeitig von ihnen gedeckt zu werden rechnete, erhob Klage auf guelfische Gesinnung und Umtriebe. Man setzte Carlo gefangen, und es wurde ihm eine Buße von zweitausend Goldgulden auferlegt, zahlbar in wenigen Wochen, andernfalls habe er den Kopf verwirkt. Nicht einmal die Zinsen dieser Summe hätte er aufzubringen vermocht.

Carlo lag anderthalb Wochen im Turm, als ihm frühmorgens angekündigt wurde, er könne gehen, die zweitausend Goldgulden seien erlegt.

»Von wem?« fragte Carlo, ungläubig und fast bestürzt.

Der Beamte wußte es nicht, er hatte nur einen schriftlichen Freilassungsbefehl des Gerichts erhalten.

Carlos Vater hatte seinerzeit den Stadtpalast verkaufen müssen und sich nur ausbedungen, daß der Familie für zwei unansehnliche, nach dem Hofe gelegene Kammern ein Wohnrecht gewahrt bliebe und daß das Wappen der Montanini nicht vom Hauptportal entfernt werden dürfe; um dieser zweiten Bedingung willen hatte er sich mit einer empfindlichen Minderung des Kaufpreises abzufinden gehabt. Hierhin ging Carlo aus dem städtischen Gefängnis. Es gab da eine alte Dienerin, die zum Haushalt des jetzigen Besitzers gehörte, in ihrer Jugend aber in den Diensten der Montanini gewesen war und aus Anhänglichkeit noch jetzt die beiden Kammern in Ordnung hielt.

Sie küßte Carlos Hände und bekreuzte ihn schluchzend. Dann richtete sie ihm eine stattliche Mahlzeit her, und es war offenbar, daß sie sich dazu der Vorräte ihrer jetzigen Herrschaft bediente. Während Carlo speiste, bereitete sie ihm ein Bad, und während er sich in der hölzernen Bütte säuberte, reinigte sie seine Kleidung, die vom Staub und Stroh des Gefängnisses gelitten hatte. Sie ließ auch ihren Enkel kommen, einen Barbiergesellen, damit er in der Mittagsstunde, wo er seine freie Zeit hatte, dem jungen Herrn den Bart abnähme und das Haar schöre.

Carlo hatte nicht einmal einige kleine Münzen, um solchen Dienst zu vergelten.

Carlo ließ sich alles geschehen wie ein Betäubter. Er sprach wenig. Er war gänzlich mit seinen Gedanken nach dem Erleger der Summe beschäftigt.

In seiner Verwandtschaft war kein Mensch, welcher dergleichen vermocht hätte, und um ihrer Armut willen lebten die Geschwister so zurückgezogen, daß sie keine Freunde hatten gewinnen können. Carlo ging aus, um sich beim Gericht zu erkundigen.

Er brauchte nicht weit zu gehen. Die Neuigkeit hatte sich soeben ausgebreitet, mit lauten Worten und stolzen, feurigen Gebärden redeten auf allen Straßen die Leute davon, daß das Geschehene zum Ruhm der Stadt geschehen sei und daß alle Städte sie um diesen Ruhm beneiden würden.

Denn das Geld war erlegt worden durch Anselmo Salimbeni, einen unvermählten Mann zu Anfang der Dreißigerjahre, der als das Haupt des Geschlechtes galt.

In den Palast zurückgekehrt, schrieb Carlo einen Brief an seine Schwester und bat die Alte, ihn durch einen Boten auf sein Landgut tragen zu lassen.

»Fräulein Angelica wird glückselig sein!« sagte die Dienerin.

Carlo ging abermals aus und erkundigte sich, zu welcher Stunde er gewiß sein könne, Anselmo Salimbeni in seinem Palaste anzutreffen. Der Palast der Salimbeni und jener, der ehemals den Montanini gehört hatte, lagen nicht weit voneinander im nämlichen Stadtdrittel und an der städtischen Hauptstraße, die von der Porta Camollia zum Rathausplatz führt.

Angelica kam in die Stadt, wie es Carlo geheißen hatte. Sie fiel ihm um den Hals und küßte ihn wild. Carlo blieb sehr ernst. Dann gab er ihr seine Befehle. Angelica hörte ihn schweigend an. Auch nachdem er zu reden aufgehört hatte, schwieg sie noch eine längere Weile, indem sie, an Carlo vorbei, regungslos geradeausblickte. Endlich richtete sie sich zu ihrer schönen, vielen als hochmütig geltenden Haltung auf und sagte:

»Ich werde tun, was du befiehlst, denn ich weiß nicht schlechter als du, daß wir uns von niemandem an Hochherzigkeit übertreffen lassen dürfen. Aber wenn ich getan habe, was ich der Ehre unseres Hauses schuldig bin, dann werde ich tun, was meine eigene Ehre von mir fordert.«

Carlo sah zu Boden und antwortete nicht.

Zwei Stunden nach Sonnenuntergang betraten beide die große Halle im Palast der Salimbeni. Anselmo ging ihnen entgegen. Neben dem Kamin hing, kunstvoll hergerichtet und mit gleichmütig blickenden gläsernen Augen, der Kopf des Keilers, an dem sich der Unfriede zwischen den beiden Familien entzündet hatte.

Carlo verneigte sich tief und sagte: »Wir kommen, um unseren Dank abzustatten. Aber warum habt Ihr das getan?«

Anselmo antwortete: »Es geziemt vielleicht einem Agolanti, nicht aber einem Salimbeni, sich am Unglück seiner Gegner zu freuen.«

Nun sagte Carlo: »Ihr habt uns eine Großmut bewiesen, die wir in dieser Stadt nie zu finden geglaubt hätten. Von nun an gehören Euch unsere Seelen und unsere Leiber. Verfügt über beides als über Euer Eigentum. Ich bin bereit, für Euch jeden Kampf auf mich zu nehmen und zu töten, wen Ihr befehlt.«

Er verneigte sich tief, drückte seiner Schwester rasch die Hand und entfernte sich. Anselmo sah das Mädchen an. Angelica schlug die Augen nicht nieder, sondern erwiderte seinen Blick mit Festigkeit.

Angelica trug die letzten Schmuckstücke, die dem Hause Montanini verblieben waren. Nach dem Willen des Bruders hatte sie sich so reich und stattlich gekleidet, wie sie es irgend vermochte, und auf den Straßen hatten viele dem schönen Mädchen nachgeblickt, das sich aus Stolz fast nie in der Stadt sehen ließ. Auch Anselmo sah Angelica zum ersten Mal.

Dieser Austausch der Blicke währte nur einige Atemzüge lang. Dann rief Anselmo nach Dienern und befahl, unverzüglich alles herbeizurufen, was an Verwandtschaft im Palast lebte, bis hinab zu seinen jüngsten Neffen und Nichten, die neun und elf Jahre zählten.

Auf der Straße liefen die Leute zusammen und staunten den Zug an. Voran und zu den Seiten gingen fackeltragende Diener. Inmitten der Salimbeni und ihrer Verwandten schritten Anselmo und Angelica, und es war

geschwind eine Anzahl von Nachbarn und Freunden dazugebeten worden.

Es war schwer, den Leuten im Palast mit den beiden Kammern begreiflich zu machen, daß dieser Aufzug nicht ihrer Herrschaft galt. Begleitung und Gefolge drängten sich auf den Fluren und im Stiegenhause. Von einem der Diener angemeldet, betraten Anselmo, Angelica, Anselmos Schwester und die Schwester seines verstorbenen Vaters, dazu zwei ältere Vettern die vordere Kammer. Die Tür nach dem Stiegenhause mußte geöffnet bleiben, anders hätten diese alle nicht Raum gefunden.

Carlo stand vor ihnen und starrte sie an wie ein emporgerissener Schläfer.

Anselmo sagte: »Ich führe Euch Eure Schwester zu, die edle Jungfrau Angelica, indem ich unter der Zeugenschaft meiner Verwandten, die Ihr hier seht, ihre Hand von Euch erbitte.«

In die Stille hinein scholl das Aufschluchzen der alten Dienerin, die hinter dem Türspalt in der anderen Kammer gestanden hatte. Nun stürzte sie hervor und küßte erst Angelica, dann Anselmo Salimbeni die Hände. Und die verworrene Rede, die sie erhob, um dem Freier darzutun, welches Glück ihm da widerfahre, machte die Anwesenden lächeln. Sie sahen einander an und fühlten, daß dem Vorgang nicht seine Würde, wohl aber seine Beklemmung genommen war. Anselmo sprach zu der Alten mit großer Höflichkeit. Er hoffe, so sagte er, sie werde ihre ererbte Herrschaft auch in Zukunft nicht ohne Anhänglichkeit lassen.

Wenige Tage danach wurde die Trauung vorgenommen, und nicht viel später das gegen Carlo ergangene Urteil überprüft und schließlich aufgehoben. Die zweitausend Goldgulden wurden zurückgegeben, doch weigerte Anselmo sich, sie wiederzunehmen. Carlo erkannte, daß es ihm unmöglich war, Anselmo an Großmut zu übertreffen. So gewann er sich die Hochherzigkeit ab, sich nicht zu sträuben. Er nahm das Geschenk so freimütig an, wie es geboten worden war.

Von diesen Vorfällen ist in Siena durch Jahrhunderte gesprochen worden, und es heißt, Anselmos und Angelicas Nachfahren seien stolze, schöne, ehrgeizige und leidenschaftliche Menschen gewesen; ähnliches wurde auch von Carlos Nachkommenschaft gesagt.

Bewaffneter Friede
Wilhelm Busch

Ganz unverhofft, an einem Hügel,
Sind sich begegnet Fuchs und Igel.
»Halt«, rief der Fuchs, »du Bösewicht!
Kennst du des Königs Ordre nicht?
Ist nicht der Friede längst verkündigt,
Und weißt du nicht, daß jeder sündigt,
Der immer noch gerüstet geht? –
Im Namen Seiner Majestät,
Geh her und übergib dein Fell!«
Der Igel sprach: »Nur nicht so schnell!
Laß dir erst deine Zähne brechen,
Dann wollen wir uns weitersprechen.«
Und alsogleich macht er sich rund,
Schließt seinen dichten Stachelbund
Und trotzt getrost der ganzen Welt,
Bewaffnet, doch als Friedensheld.

5. Diesen Kuß der ganzen Welt!
Von der Versöhnung der Menschheit

Unser Schuldbuch sei vernichtet!
Ausgesöhnt die ganze Welt!
Brüder – überm Sternenzelt
Richtet Gott, wie wir gerichtet.
Friedrich Schiller

An die Freude
Friedrich Schiller

Freude, schöner Götterfunken,
Tochter aus Elysium,
Wir betreten feuertrunken,
Himmlische, dein Heiligtum.
Deine Zauber binden wieder,
Was die Mode streng geteilt;
Alle Menschen werden Brüder,
Wo dein sanfter Flügel weilt.

Seid umschlungen, Millionen!
Diesen Kuß der ganzen Welt!
Brüder – überm Sternenzelt
Muß ein lieber Vater wohnen.

Wenn der große Wurf gelungen,
Eines Freundes Freund zu sein,
Wer ein holdes Weib errungen,
Mische seinen Jubel ein!
Ja – wer auch nur *eine* Seele
Sein nennt auf dem Erdenrund!
Und wer's nie gekonnt, der stehle
Weinend sich aus diesem Bund.

Was den großen Ring bewohnet,
Huldige der Sympathie!

Zu den Sternen leitet sie,
Wo der Unbekannte thronet.

Freude trinken alle Wesen
An den Brüsten der Natur;
Alle Guten, alle Bösen
Folgen ihrer Rosenspur.

Küsse gab sie uns und Reben,
Einen Freund, geprüft im Tod;
Wollust war dem Wurm gegeben,
Und der Cherub steht vor Gott.

Ihr stürzt nieder, Millionen?
Ahnest du den Schöpfer, Welt?
Such' ihn überm Sternenzelt!
Über Sternen muß er wohnen.

Freude heißt die starke Feder
In der ewigen Natur.
Freude, Freude treibt die Räder
In der großen Weltenuhr.
Blumen lockt sie aus den Keimen,
Sonnen aus dem Firmament,
Sphären rollt sie in den Räumen
Die des Sehers Rohr nicht kennt.

Froh, wie seine Sonnen fliegen
Durch des Himmels prächt'gen Plan,

Wandelt, Brüder, eure Bahn,
Freudig, wie ein Held zum Siegen.

Aus der Wahrheit Feuerspiegel
Lächelt sie den Forscher an.
Zu der Tugend steilem Hügel
Leitet sie des Dulders Bahn.
Auf des Glaubens Sonnenberge
Sieht man ihre Fahnen wehn,
Durch den Riß gesprengter Särge
Sie im Chor der Engel stehn.

Duldet mutig, Millionen!
Duldet für die bess're Welt!
Droben überm Sternenzelt
Wird ein großer Gott belohnen.

Göttern kann man nicht vergelten;
Schön ist's, ihnen gleich zu sein.
Gram und Armut soll sich melden,
Mit den Frohen sich erfreun.
Groll und Rache sei vergessen;
Unserm Todfeind sei verziehn.
Keine Träne soll ihn pressen,
Keine Reue nage ihn.
Unser Schuldbuch sei vernichtet!
Ausgesöhnt die ganze Welt!
Brüder – überm Sternenzelt
Richtet Gott, wie wir gerichtet.

Freude sprudelt in Pokalen;
In der Traube goldnem Blut
Trinken Sanftmut Kannibalen,
Die Verzweiflung Heldenmut –
Brüder, fliegt von euren Sitzen,
Wenn der volle Römer kreist,
Laßt den Schaum zum Himmel spritzen:
Dieses Glas dem guten Geist!

Den der Sterne Wirbel loben,
Den des Seraphs Hymne preist,
Dieses Glas dem guten Geist
Überm Sternenzelt dort oben!

Festen Mut in schwerem Leiden,
Hilfe, wo die Unschuld weint,
Ewigkeit geschwornen Eiden,
Wahrheit gegen Freund und Feind,
Männerstolz vor Königsthronen, –
Brüder, gält' es Gut und Blut –
Dem Verdienste seine Kronen,
Untergang der Lügenbrut!

Schließt den heil'gen Zirkel dichter,
Schwört bei diesem goldnen Wein,
Dem Gelübde treu zu sein,
Schwört es bei dem Sternenrichter!

Nathan der Weise, 5. Aufzug,
letzter Auftritt
Gotthold Ephraim Lessing

*Das dramatische Gedicht »Nathan der Weise« (herausge-
geben 1779) von Gotthold Ephraim Lessing gilt als das
Hauptwerk der Aufklärung in Deutschland. Vor dem
historischen Hintergrund der Kreuzzüge predigt es die
Versöhnung aller Völker und Glaubensbekenntnisse. Zur
Handlung: Der Tempelherr, ein Christ, liebt Recha, die
Pflegetochter Nathans, des weisen Juden. Der weiß jedoch, daß die beiden Geschwister sind, Kinder Assads,
eines verstorbenen Bruders des Sultans Saladin. Die Ver-
strickung der Blutsbande symbolisiert die ursprüngliche
Einheit der drei großen monotheistischen Religionen Ju-
dentum, Christentum und Islam und verweist ihre zwie-
trächtigen Unterschiede in den Bereich oberflächlicher
Verwirrung.*

NATHAN: *Geht auf Recha zu.* Du hast geweint?
  Was fehlt dir? – bist doch meine Tochter noch?
RECHA: Mein Vater!...
NATHAN: Wir verstehen uns. Genug! –
  Sei heiter! Sei gefaßt! Wenn sonst dein Herz
  Nur dein noch ist! Wenn deinem Herzen sonst
  Nur kein Verlust nicht droht! – Dein Vater ist
  Dir unverloren!

RECHA: Keiner, keiner sonst!

TEMPELHERR: Sonst keiner? – Nun! so hab ich mich
betrogen.
Was man nicht zu verlieren fürchtet, hat
Man zu besitzen nie geglaubt und nie
Gewünscht. – Recht wohl! recht wohl! – Das ändert,
Nathan,
Das ändert alles! – Saladin, wir kamen
Auf dein Geheiß. Allein, ich hatte dich
Verleitet; itzt bemüh dich nur nicht weiter!

SALADIN: Wie gach nun wieder, junger Mann! – Soll alles
Dir denn entgegenkommen, alles dich
Erraten?

TEMPELHERR: Nun du hörst ja! siehst ja, Sultan!

SALADIN: Ei wahrlich! – Schlimm genug, daß deiner
Sache
Du nicht gewisser warst!

TEMPELHERR: So bin ich's nun.

SALADIN: Wer so auf irgendeine Wohltat trotzt,
Nimmt sie zurück. Was du gerettet, ist
Deswegen nicht dein Eigentum. Sonst wär
Der Räuber, den sein Geiz ins Feuer jagt,
So gut ein Held wie du!
*Auf Recha zugehend, um sie dem Tempelherrn zuzu-
führen.*
Komm, liebes Mädchen,
Komm! Nimm's mit ihm nicht so genau. Denn wär

Er anders; wär er minder warm und stolz,
Er hätt es bleibenlassen, dich zu retten.
Du mußt ihm eins fürs andre rechnen. – Komm!
Beschäm ihn! tu, was ihm zu tun geziemte!
Bekenn ihm deine Liebe! trage dich ihm an!
Und wenn er dich verschmäht; dir's je vergißt,
Wie ungleich mehr in diesem Schritte du
Für ihn getan als er für dich... Was hat
Er denn für dich getan? Ein wenig sich
Beräuchern lassen! ist was Rechts! – so hat
Er meines Bruders, meines Assad, nichts!
So trägt er seine Larve, nicht sein Herz.
Komm, Liebe...

SITTAH: Geh! geh, Liebe, geh! Es ist
Für deine Dankbarkeit noch immer wenig;
Noch immer nichts.

NATHAN: Halt, Saladin! halt, Sittah!

SALADIN: Auch du?

NATHAN: Hier hat noch einer mitzusprechen...

SALADIN: Wer leugnet das? – Unstreitig, Nathan, kömmt
So einem Pflegevater eine Stimme
Mit zu! Die erste, wenn du willst. – Du hörst,
Ich weiß der Sache ganze Lage.

NATHAN: Nicht so ganz! –
Ich rede nicht von mir. Es ist ein andrer,
Weit, weit ein andrer, den ich, Saladin,
Doch auch vorher zu hören bitte.

SALADIN: Wer?

NATHAN: Ihr Bruder!

SALADIN: Rechas Bruder?

NATHAN: Ja!

RECHA: Mein Bruder? So hab ich einen Bruder?

TEMPELHERR *aus seiner wilden, stummen Zerstreuung
auffahrend:* Wo? wo ist
Er, dieser Bruder? Noch nicht hier? Ich sollt
Ihn hier ja treffen.

NATHAN: Nur Geduld!

TEMPELHERR *äußerst bitter:* Er hat
Ihr einen Vater aufgebunden – wird
Er keinen Bruder für sie finden?

SALADIN: Das
Hat noch gefehlt! Christ! ein so niedriger
Verdacht wär über Assads Lippen nicht
Gekommen. – Gut! fahr nur so fort!

NATHAN: Verzeih Ihm! –
Ich verzeih ihm gern. – Wer weiß, was wir
An seiner Stell, in seinem Alter dächten!
Freundschaftlich auf ihn zugehend.
Natürlich, Ritter! – Argwohn folgt auf Mißtraun! –
Wenn Ihr mich Euers *wahren* Namens gleich
Gewürdigt hättet ...

TEMPELHERR: Wie?

NATHAN: Ihr seid kein Stauffen!

TEMPELHERR: Wer bin ich denn?

NATHAN: Heißt Kurt von Stauffen nicht!

TEMPELHERR: Wie heiß ich denn?

NATHAN: Heißt Leu von Filnek.

TEMPELHERR: Wie?

NATHAN: Ihr stutzt?

TEMPELHERR: Mit Recht! Wer sagt das?

NATHAN: Ich; der mehr
  Noch mehr Euch sagen kann. Ich straf indes
  Euch keiner Lüge.

TEMPELHERR: Nicht?

NATHAN: Kann doch wohl sein,
  Daß jener Nam Euch ebenfalls gebührt.

TEMPELHERR: Das sollt ich meinen! – (Das hieß Gott ihn
  sprechen!)

NATHAN: Denn Eure Mutter – die war eine Stauffin.
  Ihr Bruder, Euer Ohm, der Euch erzogen,
  Dem Eure Eltern Euch in Deutschland ließen,
  Als, von dem rauhen Himmel dort vertrieben,
  Sie wieder hierzulande kamen – *der*
  Hieß Kurt von Stauffen; mag an Kindes Statt
  Vielleicht Euch angenommen haben! – Seid
  Ihr lange schon mit ihm nun auch herüber
  Gekommen? Und er lebt doch noch?

TEMPELHERR: Was soll ich sagen? –
  Nathan! – Allerdings! So ist's!
  Er selbst ist tot. Ich kam erst mit der letzten
  Verstärkung unsers Ordens. – Aber, aber –

Was hat mit diesem allen Rechas Bruder
Zu schaffen?

NATHAN: Euer Vater...

TEMPELHERR: Wie? auch den
Habt Ihr gekannt? Auch den?

NATHAN: Er war mein Freund.

TEMPELHERR: War Euer Freund? Ist's möglich, Nathan!...

NATHAN: Nannte sich Wolf von Filnek; aber war kein
Deutscher...

TEMPELHERR: Ihr wißt auch das?

NATHAN: War einer Deutschen nur
Vermählt;
war Eurer Mutter nur nach Deutschland
Auf kurze Zeit gefolgt...

TEMPELHERR: Nicht mehr! Ich bitt
Euch! – Aber Rechas Bruder? Rechas Bruder...

NATHAN: Seid Ihr!

TEMPELHERR: Ich? ich ihr Bruder?

RECHA: Er mein Bruder?

SITTAH: Geschwister!

SALADIN: Sie Geschwister!

RECHA *will auf ihn zu:* Ah! mein Bruder!

TEMPELHERR *tritt zurück:* Ihr Bruder!

RECHA *hält an und wendet sich zu Nathan:*
Kann nicht sein! nicht sein! – Sein Herz
Weiß nichts davon! – Wir sind Betrüger! Gott!

SALADIN *zum Tempelherrn:*
  Betrüger? wie? Das denkst du? kannst du denken?
  Betrüger selbst! Denn alles ist erlogen
  An dir: Gesicht und Stimm und Gang! Nichts dein!
  So eine Schwester nicht erkennen wollen! Geh!
TEMPELHERR *sich demütig ihm nahend:*
  Mißdeut auch du nicht mein Erstaunen, Sultan!
  Verkenn in einem Augenblick, in dem
  Du schwerlich deinen Assad je gesehen,
  Nicht ihn und mich! *Auf Nathan zueilend.*
  Ihr nehmt und gebt mir, Nathan!
  Mit vollen Händen beides! – Nein! Ihr gebt
  Mir mehr, als Ihr mir nehmt! unendlich mehr!
  Recha um den Hals fallend.
  Ah meine Schwester! meine Schwester!
NATHAN: Blanda von Filnek.
TEMPELHERR: Blanda? Blanda? – Recha nicht?
  Nicht Eure Recha mehr? – Gott! Ihr verstoßt
  Sie! gebt ihr ihren Christennamen wieder!
  Verstoßt sie meinetwegen! – Nathan! Nathan!
  Warum es sie entgelten lassen? sie!
NATHAN: Und was? – O meine Kinder! meine Kinder! –
  Denn meiner Tochter Bruder wär mein Kind
  Nicht auch – sobald er will?
  *Indem er sich ihren Umarmungen überläßt, tritt Sala-
  din mit unruhigem Erstaunen zu seiner Schwester.*
SALADIN: Was sagst du, Schwester?

SITTAH: Ich bin gerührt...

SALADIN: Und ich – ich schaudere
Vor einer größern Rührung fast zurück!
Bereite dich nur drauf, so gut du kannst.

SITTAH: Wie?

SALADIN: Nathan, auf ein Wort! ein Wort! –
Indem Nathan zu ihm tritt, tritt Sittah zu dem Ge-
schwister, ihnen ihre Teilnehmung zu bezeigen; und
Nathan und Saladin sprechen leiser.
Hör! hör doch, Nathan! Sagtest du vorhin nicht –?

NATHAN: Was?

SALADIN: Aus Deutschland sei ihr Vater nicht
Gewesen; ein geborner Deutscher nicht.
Was war er denn? wo war er sonst denn her?

NATHAN: Das hat er selbst mir nie vertrauen wollen.
Aus seinem Munde weiß ich nichts davon.

SALADIN: Und war auch sonst kein Frank, kein Abend-
länder?

NATHAN: Oh! daß er der nicht sei, gestand er wohl. –
Er sprach am liebsten Persisch...

SALADIN: Persisch? Persisch?
Was will ich mehr? – Er ist's! Er war es!

NATHAN: Wer?

SALADIN: Mein Bruder! ganz gewiß! Mein Assad!

NATHAN: Nun, wenn du selbst darauf verfällst –
Nimm die Versichrung hier in diesem Buche!
Ihm das Brevier überreichend.

SALADIN *es begierig aufschlagend:*

Ah! seine Hand! Auch die erkenn ich wieder!

NATHAN: Noch wissen sie von nichts! Noch steht's bei
dir

Allein, was sie davon erfahren sollen!

SALADIN *indes er darin geblättert:*

Ich meines Bruders Kinder nicht erkennen?

Ich meine Neffen – meine Kinder nicht?

Sie nicht erkennen? ich? Sie dir wohl lassen? *Wieder
laut.*

Sie sind's! sie sind es, Sittah, sind! Sie sind's!

Sind beide meines... deines Bruders Kinder!

Er rennt in ihre Umarmungen.

SITTAH *ihm folgend:*

Was hör ich! – Konnt's auch anders, anders sein! –

SALADIN *zum Tempelherrn:*

Nun mußt du doch wohl, Trotzkopf, mußt mich lieben!

Zu Recha. Nun bin ich doch, wozu ich mich erbot!

Magst wollen oder nicht!

SITTAH: Ich auch! ich auch!

SALADIN *zum Tempelherrn zurück:*

Mein Sohn! mein Assad! meines Assads Sohn!

TEMPELHERR:

Ich deines Bluts! – So waren jene Träume,

Womit man meine Kindheit wiegte, doch –

Doch mehr als Träume! *Ihm zu Füßen fallend.*

SALADIN *ihn aufhebend:* Seht den Bösewicht!
  Er wußte was davon und konnte mich
  Zu seinem Mörder machen wollen! Wart!
  Unter stummer Wiederholung allseitiger Umarmungen fällt der Vorhang.

Diotima
Friedrich Hölderlin

Komm und besänftige mir, die du einst Elemente ver-
  söhntest,
Wonne der himmlischen Muse, das Chaos der Zeit,
Ordne den tobenden Kampf mit Friedenstönen des Him-
  mels,
Bis in der sterblichen Brust sich das Entzweite vereint,
Bis der Menschen alte Natur, die ruhige, große,
Aus der gärenden Zeit mächtig und heiter sich hebt.
Kehr in die dürftigen Herzen des Volks, lebendige
  Schönheit!
Kehr an den gastlichen Tisch, kehr in die Tempel zurück!
Denn Diotima lebt, wie die zarten Blüten im Winter,
Reich an eigenem Geist, sucht sie die Sonne doch auch.
Aber die Sonne des Geists, die schönere Welt, ist hinun-
  ter
Und in frostiger Nacht zanken Orkane sich nur.

Was klagst du an
Wilhelm Busch

Was klagst du an
Die böse Welt
Um das und dies?
Bist du ein Mann,
Der niemals Spelt
Ins Feuer blies?

Hat Haß und Harm
Und Wahn und Sucht
Dich nie verführt,
Daß blind dein Arm
Der Flammen Flucht
Noch mehr geschürt?

Was dünkst du dich
Des unteilhaft,
Was Weltbrand nährt!
Zuerst zerbrich
die Leidenschaft,
Die dich noch schwärt.

In dich hinein
Nimm allen Zwist,
Der Welt sorg nit;

Je wie du rein
Von Schlacke bist,
Wird sie es mit.

Buch des Lebens
Wilhelm Busch

Haß, als minus und vergebens,
Wird vom Leben abgeschrieben.
Positiv im Buch des Lebens
Steht verzeichnet nur das Lieben.
Ob ein Minus oder Plus
Uns verblieben, zeigt der Schluß.

Die Autoren

Bergengruen, Werner, * 1892 in Riga, † 1964 in Baden-Baden, deutscher Schriftsteller, ein Meister der Novelle, der mit Vorliebe historische Stoffe mit religiöser Thematik behandelte (*Die Rose von Jericho, Das Feuerzeichen, Der dritte Kranz*).

Busch, Wilhelm, * 1832 in Wiedensahl, † 1908 in Mechtshausen, deutscher Dichter, Zeichner und Maler, der unerreichte Meister der kleinen literarischen Form und dank seiner Doppelbegabung einer der Urväter des »Comic« (*Max und Moritz, Die fromme Helene*).

Dostojewski, Fjodor Michailowitsch, * 1821 in Moskau, † 1881 in Petersburg, neben Tolstoi der bedeutendste Dichter russischer Sprache; war als Schöpfer des psychologischen Romans von außerordentlicher Wirkung auf die Weltliteratur. Zu seinen Hauptwerken zählen *Schuld und Sühne, Der Idiot, Die Brüder Karamasow, Die Dämonen, Erniedrigte und Beleidigte*.

Freiligrath, Ferdinand, * 1810 in Detmold, † 1876 in Cannstadt (Stuttgart), deutscher Dichter; ausgehend von der Romantik entwickelte er sich zu einem führenden Verfechter und literarischen Kopf der demokratischen Bewegung, die in die Revolution von 1848 mündete. Sein Engagement (*Neuere politische und soziale Gedichte*) zwang ihn nach dem Scheitern der Erhebung ins Exil, wo er hauptsächlich als Übersetzer englischer und amerikanischer Literatur tätig war.

Geibel, Emanuel, *1815 in Lübeck, † 1884 ebenda, deutscher Dichter, galt als repräsentativer Lyriker der deutschen Einigungsbestrebungen unter preußischer Führung; einige seiner virtuosen Gedichte gingen ins Volksgut ein, wie das Frühlingslied *Der Mai ist gekommen*.

Gellert, Christian Fürchtegott, * 1715 in Hainichen, † 1769 in Leipzig, deutscher Dichter, der mit seinen eleganten, oft humorigen Fabeln, Lehrgedichten und Erzählungen (*Das Leben der schwedischen Gräfin von G.*) zu einem der populärsten Autoren der Aufklärung wurde; schrieb auch erfolgreiche Komödien.

Goethe, Johann Wolfgang von, * 1749 in Frankfurt, † 1832 in Weimar, universaler deutscher Dichter und Denker, dessen Lebenswerk den Bogen vom Sturm und Drang über die Hochklassik bis zur Romantik spannt und von kosmopolitischer Welt- und Menschenliebe erfüllt ist (*Die Leiden des jungen Werthers, Wilhelm Meisters Lehrjahre, Torquato Tasso, Faust I., Faust II., West-östlicher Divan* etc.)

Guareschi, Giovanni, * 1908 in Fontanella bei Parma, † 1968 in Cervia, italienischer Schriftsteller, bis heute weltweit populär durch seine heiter-satirischen Geschichten von *Don Camillo und Peppone*, die mehrfach auch erfolgreich verfilmt wurden.

Hebel, Johann Peter, * 1760 in Basel, † 1826 in Schwetzingen, Verfasser der mundartlichen *Alemannischen Gedichte* und zahlreicher Kalendergeschichten und Anekdoten, gesammelt im *Schatzkästlein des rheinischen Hausfreunds.*

Heine, Heinrich, * 1797 in Düsseldorf, † 1856 in Paris, deutscher Lyriker und Essayist von Weltrang, einer der herausragenden Köpfe der romantischen Dichtung in der demokratisch-revolutionären Epoche (*Reisebilder, Buch der Lieder, Deutschland – ein Wintermärchen*).

Hesse, Hermann, * 1877 in Calw, † 1962 in Montagnola (Schweiz), deutscher Dichter, dessen erzählerisches Werk die Problematik des modernen Lebensgefühls mit westlicher und östlicher Weisheit verbindet (*Der Steppenwolf, Siddhartha, Das Glasperlenspiel*). Nobelpreis 1946.

Hölderlin, Friedrich, * 1770 in Lauffen, † 1843 in Tübingen in geistiger Umnachtung, deutscher Dichter ganz eigenständiger Art zwischen Klassik und Romantik, mit dessen Lyrik und lyrisch gestalteter Prosa die deutsche Sprache eine einzigartige Höhe erreichte (Roman *Hyperion*, Dramenfragment *Der Tod des Empedokles*).

Lagerlöf, Selma, * 1858 auf Gut Barbacka, (Värmland), † 1940 ebenda, schwedische Erzählerin, die die Themen ihres umfangreichen, durch eindringliche psychologische Gestaltung bestimmten Werkes vornehmlich aus der Tradition ihrer Heimat und der nord. Sagenwelt schöpfte; 1909 wurde sie mit dem Literaturnobelpreis ausgezeichnet.

Lessing, Gotthold Ephraim, * 1729 in Kamenz, † 1781 in Braunschweig, deutscher Dichter und Philosoph; gilt als der einzige deutsche Aufklärer von europäischem Rang und als der eigentliche Begründer der modernen deutschen Literatur (*Nathan der Weise, Emilia Galotti*).

Mann, Thomas, * 1875 in Lübeck, † 1955 in Zürich, einer der bedeutendsten deutschsprachigen Erzähler des 20. Jahrhunderts, dessen geistige, psychologische und soziale Strömungen im Gesamtwerk ihren realistischen, ironisch verfeinerten Niederschlag fanden (*Buddenbrooks, Der Zauberberg, Doktor Faustus, Joseph und seine Brüder*).

Segal, Erich, * 1937 in New York, US-amerikanischer Philologe und Schriftsteller, hatte mit seinem 1970 veröffentlichten Liebesromen *Love Story* einen Welterfolg.

Schiller, Friedrich von, * 1759 in Marbach, † 1805 in Weimar, der führende deutsche Dichter des Idealismus, der nach seiner Sturm- und Drang-Periode (*Die Räuber, Kabale und Liebe*) gleich Goethe zum »Klassiker« wurde; ihre 1794 geschlossene Freundschaft und geistige Partnerschaft war ein Glücksfall für die deutsche Literatur. In der gemeinsamen Weimarer Zeit schrieb Schiller seine großen Balladen (*Die Bürgschaft, Der Taucher*) und Geschichtsdramen (*Wallenstein, Maria Stuart, Die Jungfrau von Orleans*).

Schröder, Rudolf Alexander, * 1878 in Bremen, † 1962 in Bad Wiessee, deutscher Dichter; seine Lyrik und Prosa sind formal wie inhaltlich Bekenntnisse zum humanistischen Erbe der Klassik. Darüber hinaus gilt er als bedeutendster Erneuerer des protestantischen Kirchenlieds im 20. Jahrhundert.

Storm, Theodor, * 1817 in Husum, † 1888 in Hademarschen, deutscher Dichter; seine Poesie in Prosa (*Immensee, Der Schimmelreiter*), die bei lyrischem Grundton dem Realismus verpflichtet ist, hat insbesondere Rilke und Thomas Mann beeinflußt.

Uhland, Ludwig, * 1787 in Tübingen, † 1862 ebenda, deutscher Dichter, der insbesondere mit seiner volkstümlichen Liebes- und Naturlyrik, aber auch mit seinen Balladen und Romanzen breite Popularität erlangte; gilt als Vollender der schwäbischen Romantik.